Watercolours Bonaire

Photographers Dos Winkel
Jerry Schnabel
Susan Lee Swygert

Text by Susan Lee Swygert

A c k n o w l e d g m e n t s

The photographers and author are very pleased to thank family and friends for their assistance and kind tolerance.

We know that diving with a self-absorbed photographer is not always easy; but we have enjoyed sharing our special creatures with you, and especially sharing the ones that you found!

Heartfelt thanks are extended to:

Merry Evertsz
Julie Morgan
Cheri Sweetnam

S u z i , J e r r y a n d D o s

B o n a i r e , 1 9 9 5

Publication © Elmar Media Service 1995, Oude Delft 219, 2611 HD Delft, The Netherlands
Watercolours N.V.
Bonaire

Text © Susan Lee Swygert

Photographs © Dos Winkel, Jerry Schnabel and Susan Lee Swygert

Graphic design and lay-out Studio Raster . bNO, Rijswijk, The Netherlands

Colourseparations and filmset Tunzi Repro bv, Doetinchem, The Netherlands

© der deutschen Ausgabe 1997: Tecklenborg Verlag, Siemensstraße 4, D-48565 Steinfurt

ISBN 3-924044-28-7

Printed by Milanostampa S.P.A. Italy

Contents

Inhoud

Inhalt

Jerry Schnabel

Currently, I am working in Bonaire with Susan Swygert as co-owner and operator of Photo Tours, N.V. I was educated in Washington, D. C. at the George Washington University Corcoran School of Art and studied fine arts, photography and illustration.

For most of my adult life, I have worked in the dive industry as a professional photographer, instructor, and guide. I particularly like "turning on" young divers and students to photography and video. For somebody with a keen interest in wildlife and nature photography both above and below the sea, Bonaire is a wonderful place to reside and work.

I prefer to shoot with housed Nikon cameras, including the Nikon F-3 and F-2 bodies, for which I use a selection of lenses for macro and fish portraits, such as the 55mm Micro-Nikkor and 105mm Micro-Nikkor. Wide angle reef scenics are my favorite subjects and I almost always choose to use the 15mm Nikonos lens with a Nikonos V body and dual SB-102 strobes. For the challenge of capturing the essence of exceptionally wide angle panoramas in a single frame, I like the housed F-3 with a full frame fish-eye 16mm lens.

My work has been published in Ocean Realm Magazine, Skin-Diver, Nikonos Techniques, Travel and Leisure, and I am co-author with Susan of several books about dive destinations in the Caribbean. I enjoy my ability to make a living at what I love best - photography both above and beneath the sea.

Jerry Schnabel,
Bonaire, 1995

Momenteel werk ik in Bonaire samen met Susan Swygert als mede-eigenaar van Photo Tours N.V. Ik heb in Washington D.C. de George Washington University Corcoran School of Art bezocht en studeerde daar kunst, fotografie en grafische vormgeving.

Gedurende het grootste deel van mijn leven als volwassene ben ik werkzaam geweest in de duik-business als professionele fotograaf, instructeur en gids. Ik zet me er voor in om jonge mensen die zich met duiken bezighouden, voor fotografie en video te interesseren. Voor iemand met een ruime belangstelling voor het fotograferen van de natuur en de daarin levende dieren - zowel boven als onder water - is Bonaire een ideale plek om te leven en te werken.

Ik geef er de voorkeur aan om te fotograferen met Nikon-camera's, zoals de Nikon F-3 en F-4 body's met een keur van lenzen, zoals de 55 mm Micro-Nikkor en de 105 mm Micro Nikkor. Rif-panorama's zijn bij mij favoriet en ik neem hiervoor bijna altijd de 15 mm Nikonos-lens met een Nikonos V-body en dubbele SB-102 flitslampen. Om de essentie van panorama's met een uitzonderlijk grote hoek binnen één enkel kader te vatten, geef ik de voorkeur aan de F-3 met een 16 mm fish-eye-lens.

Mijn werk werd gepubliceerd

in Ocean Realm Magazine, SkinDiver, Nikonos Techniques, Travel and Leisure, en ik ben coauteur (samen met Susan) van diverse boeken over duiklocaties in het Caribisch gebied. Ik ben heel blij om de kost te kunnen verdienen met mijn grootste liefhebberij - fotograferen zowel boven als onder water.

Jerry Schnabel,
Bonaire, 1995

Momentan arbeite ich auf Bonaire, und ich bin, zusammen mit Susan Swygert, Inhaber von Photo Tours N.V. Ich habe in Washington D.C., an der George Washington University Corcoran School of Art Kunst, Fotografie und graphische Gestaltung studiert.

Danach habe ich - vornehmlich in der Tauchbranche - als professioneller Fotograf, Lehrer und Führer gearbeitet. Es macht mir viel Spaß, junge Taucher und Studenten für Fotografie und Video zu begeistern. Wen die Fotografie von Natur und Tierwelt über und unter der Wasseroberfläche interessiert, kann auf Bonaire phantastisch wohnen und arbeiten.

Ich fotografiere am liebsten mit Nikon-Kameras, z.B. mit den Nikon F-3 und F-4 Gehäusen, und verschiedenen Objektiven für Makroaufnahmen und Fischporträts, wie zum Beispiel dem 55 mm Micro Nikkor und dem 105 mm Micro Nikkor. Meine Lieblingsmotive sind Weitwinkelaufnahmen von Riffen, dazu benutze ich meistens das 15 mm Nikonos Objektiv mit einem Nikonos V Gehäuse, und doppelte SB-102 Blitzlampen. Um das Wesentliche von Panoramas in einem extrem weiten Blickwinkel zu erfassen, bevorzuge ich ein F-3 Gehäuse mit einem 16 mm Fischauge.

Meine Arbeiten wurden im Ocean Realm Magazine veröffentlicht, sowie im SkinDiver, Nikonos Techniques und Travel and Leisure, und ich habe (zusammen mit Susan) verschiedene Bücher über Tauchgebiete in der Karibik geschrieben. Ich freue mich, daß ich meinen Lebensunterhalt mit meiner Lieblingsbeschäftigung verdienen kann - über und unter der Wasseroberfläche fotografieren.

Jerry Schnabel,
Bonaire, 1995

Susan Lee Swygert

Growing up watching Flipper, Sea Hunt, Jacques Cousteau, and Mutual of Omaha's Wild Kingdom was certainly influential in directing my interest toward the ocean environment which was not only fascinating but accessible.

As a child, my family had the opportunity to live on a beautiful tropical island and I learned to snorkel with my brother and sister. Our home was on the beach and we children were in the water every day. What an incredible learning experience! As a young woman, my first scuba dive literally changed my life. After years of flirtation, I fell completely, passionately, and irrevocably in love with the tropical coral reef.

I flirted with photography as well. I used to visit the woods, dreamily lie on my back and shoot "artistic pictures" of the forest canopy. But it was not until I began underwater photography that I finally took it seriously. The total challenge of working underwater has been stimulating and sustaining. Years of practical experience in developing personal comfort in an alien environment, gaining knowledge in the appropriate usage of photographic tools and familiarity with the reef ecosystem and marine behavior have been the best school anyone could attend.

My camera equipment is all Nikon. Underwater, I like the compact Nikonos system with Nikonos and Ikelite strobes. The very best macro images are taken with Helix extension tubes and framers, although a housed camera system is better for shooting small fish and fish portraits. I have a neutrally buoyant Ikelite housing for my Nikon SLR and shoot exclusively with the 105mm and 60mm lenses.

My interest is piqued by colour, texture, and pattern or an interesting critter, and I love to shoot images both above and below the sea. I am delighted that my photography and feelings can be shared via books and magazine articles, and contribute to the education of many who share my interest in the tropics. My work has been featured in internationally recognized periodicals such as SkinDiver, Ocean Realm, Nikonos Techniques, National Geographic World, and GEO Magazin, and co-authored books include Islands of the Dutch Caribbean, Diving & Snorkeling Guide to Bonaire, and Diving & Snorkeling Guide to St. Maarten, Saba, & St. Eustatius.

To my parents - thank you for guiding my childhood and supporting my adulthood. I love you.

Susan Lee Swygert,
Bonaire, 1995

Op te groeien met Flipper en talloze andere televisie-programma's met de zee in de hoofdrol heeft een grote invloed gehad op mijn belangstelling voor de zee, die niet alleen fascinerend was, maar ook in de buurt.

Toen ik klein was woonde ons gezin op een sprookjesachtig tropisch eiland en ging ik regelmatig snorkelen met mijn broertje en zusje. Ons huis lag aan het strand en wij waren elke dag in het water te vinden. Dat was heel leerzaam! Mijn eerste sportduikervaring als jonge vrouw veranderde letterlijk mijn leven. Na jaren van sympathie was ik nu tot over mijn oren verliefd op het tropische koraalrif.

Ook fotografie had mijn belangstelling. Ik trok vaak de bossen in, ging dan dromerig op mijn rug liggen en maakte 'artistieke' foto's van de boomkruinen. Maar ik begon het fotograferen pas serieus te nemen, toen ik met onderwaterfotografie was begonnen. Het werken onder water is bijzonder stimulerend voor me geweest. Jarenlange praktische ervaring in het ontwikkelen van persoonlijk welbehagen in een vreemde omgeving, het goed leren gebruiken van foto-apparatuur en het vertrouwd raken met de zee en het rif, zijn de beste leerschool die je kunt doorlopen.

Mijn camera-uitrusting

bestaat uitsluitend uit Nikons. Onder water prefereer ik het compacte Nikonos-systeem met Nikonos en Ikelite flitslicht. De mooiste macro-opnamen maak ik met Helix-tussenringen, hoewel een camera in onderwaterhuis beter is voor het fotograferen van vissen. Ik bezit een Ikelite behuizing voor mijn Nikon SLR en gebruik uitsluitend 105- en 60 mm-lenzen.

Mijn belangstelling gaat uit naar kleur en vorm of een interessant dier en ik fotografeer net zo graag boven als onder water. Het schenkt mij veel voldoening, dat anderen via boeken en tijdschriftartikelen in aanraking komen met mijn fotografie en gevoelens en dat ze waardevolle informatie kunnen zijn voor de vele mensen die mijn belangstelling voor de tropen delen. Mijn werk is gepubliceerd in gerenommeerde tijdschriften zoals SkinDiver, Ocean Realm, Nikonos Techniques, National Geographic World en GEO Magazin en in boeken waarvan ik co-auteur ben, zoals Islands of the Dutch Caribbean, Diving & Snorkeling Guide to Bonaire, en Diving & Snorkeling Guide to St. Maarten, Saba, & St. Eustatius.

Ik bedank mijn ouders voor het begeleiden van mijn kinderjaren en de steun in de jaren daarna. Ik heb jullie lief.

Susan Lee Swygert,
Bonaire, 1995

Flipper und andere Fernsehserien über das Meer, mit denen ich herangewachsen bin, haben mich sicherlich beeinflußt, und mein Interesse für das Meer geweckt, das mich nicht nur faszinierte, sondern auch vor unserer Haustür lag. Meine Kindheit verbrachte ich nämlich auf einer Tropeninsel. Meine Geschwister und ich schnorchelten viel.

Unser Haus lag am Strand, und wir Kinder waren jeden Tag im Wasser. Das war sehr lehrreich! Meine erste Sporttaucherfahrung als junge Frau veränderte mein Leben. Mein jahrelanger Flirt mit dem tropischen Korallenriff wurde meine große Liebe.

Ich liebäugelte auch mit der Fotografie. Ich lief oft durch die Wälder und machte, träumerisch auf dem Rücken liegend, 'malerische Fotos' von Baumwipfeln. Ich nahm die Fotografie jedoch erst ernst, nachdem ich mich mit der Unterwasserfotografie beschäftigt hatte. Die Herausforderung der Arbeit unter Wasser war inspirierend. Jahrelange praktische Erfahrung ist die beste Übung - ich lernte, mich einer fremden Umgebung anzupassen, und ich machte mich mit der Fotoausrüstung, dem Ökosystem des Riffs und dem Verhalten des Meeres vertraut.

Ich arbeite ausschließlich mit Nikon-Kameras. Unter Wasser bevorzuge ich das kompakte Nikonos-System mit Nikonos- und Ikelite Blitzlicht. Die schönsten Makroaufnahmen mache ich mit Helix Verlängerungstuben, obwohl für Aufnahmen von kleinen Fischen und Fischporträts eine Kamera ohne Zubehör geeigneter ist. Ich besitze ein schwimmendes Ikelite Gehäuse für meine Nikon SLR, und benutze Objektive mit den Brennweiten 105 und 60 mm.

Mich interessieren Farbe, Beschaffenheit und Muster, oder ein interessantes Lebewesen. Die Fotografie unter Wasser und an Land begeistern mich gleichermaßen. Ich freue mich, daß ich in Büchern und Zeitschriftenartikeln meine Fotografien veröffentlichen und meine Gefühle äußern kann, in der Lage bin, denjenigen, die mein Interesse für die Tropen teilen, wertvolle Information zu vermitteln. Meine Arbeiten wurden in renommierten Zeitschriften wie SkinDiver, Ocean Realm, Nikonos Techniques, National Geographic World und GEO Magazin veröffentlicht, sowie in Büchern, deren Mitverfasserin ich bin, wie Islands of the Dutch Caribbean, Diving & Snorkeling Guide to Bonaire, und Diving & Snorkeling Guide to St. Maarten, Saba, & St. Eustatius.

Ich danke meinen Eltern für ihre Zuwendung während meiner Kindheit und ihre Unterstützung in späteren Jahren. Ich liebe Euch.

Susan Lee Swygert,
Bonaire, 1995

Dos Winkel

As a child I used to enjoy looking for easter eggs which my parents had hidden in the dunes.

Diving always brings back memories of Easter from my early youth, only now the searching is done underwater and the Easter eggs have been replaced by nature's wonderful creations. In Bonaire, every expedition is rewarded continuously and, in addition to simple enjoyment, always produces some beautiful photographs.

My parents brought me up to love nature.

But many years were still to pass before my first deep-sea dive. My heavy workload as sport physio-therapist, orthopaedics instructor and author of many books on these subjects was enlivened by numerous adventurous journeys. During a course I was giving on the Caribbean island of Aruba I was once again irresistibly drawn to the magnificence of the coral reefs and their inhabitants. This time I was 'lost' forever.

The island of Bonaire, situated not far from Aruba, was said to be an underwater paradise. So my youngest daughter Femke and I set out for Bonaire to take our first diving certificate. It's easy to fall in love with an island which has so much to offer underwater, but how to take all this beauty home to show your parents and friends. There was only one obvious solution: photography! I hired a Nikonos V, but as the results were disappointing one thing soon led to another. I took course after course on underwater photography and I met Suzi and Jerry, the co-authors of this book, who helped to deepen and extend my knowledge.

In the years that followed I visited the most exotic diving spots in the world, only to return time after time to Bonaire. Once again the result was inevitable; I bought land and built a house looking out over the turquoise and azure-blue sea.

Although I'm sure I wasn't spending enough time with Bertie and our children, Gwen and Femke, slowly but surely they too became infected with my enthusiasm for Bonaire. Now we all live in Bonaire! Meanwhile Bertie has studied photography and has become almost more of a fanatic than me!

I use only Nikonos photographic equipment. In addition to two Nikonos V cameras, I use the Nikon N 90 camera with a Subal housing and two SB-103 Nikonos flashes or an SB-25 flash (also with a Subal housing). My favourite lens is the 105 mm which is particularly suitable for (fish)portraiture. Fuji-Velvia is my favourite film. I have received many awards and my work appears in various national and international journals.

I dedicate this book to Bertie, Gwen, Femke and my parents, Tine and Dé, with much gratitude.

Dos Winkel,
Bonaire, 1995

Als kind genoot ik van het zoeken naar paaseieren, die mijn ouders in de duinen verstopt hadden.

Duiken wekt bij mij altijd weer herinneringen op aan Pasen in mijn prille jeugd. Alleen gebeurt het zoeken nu onder water en zijn de paaseieren vervangen door wonderbaarlijke creaties van de natuur. Op Bonaire wordt iedere speurtocht voortdurend beloond en levert dit - naast het stille genieten - altijd wel weer enkele mooie foto's op.

De liefde voor de natuur werd mij door mijn ouders met de paplepel ingegoten.

Toch zou het nog vele jaren duren, voordat ik mijn eerste duik zou maken. Ontelbare avontuurlijke reizen wisselden mijn intensieve werkzaamheden als (sport)fysiotherapeut/docent orthopedische geneeskunde en auteur van vele boeken en films over dit vakgebied af. Tijdens een van de cursussen die ik gaf op het eiland Aruba, kwam ik onvermijdelijk toch weer in aanraking met de schitterende koraalriffen en hun bewoners. Ik was definitief 'verloren'.

Het niet ver van Aruba liggende eiland Bonaire zou een onderwaterparadijs zijn, dus op naar Bonaire, waar ik met mijn jongste dochter Femke het eerste duikbrevet haalde. Hoe neem je al dat schoons dat onder water te zien is mee naar huis om aan je ouders en vrienden te laten zien? Hiervoor was er maar één voor de hand liggende oplossing: fotograferen! De ene cursus onderwaterfotografie volgde na de andere. Zo ontmoette ik ook Suzi en Jerry, de co-auteurs van dit boek, die mijn kennis en kunde verder verfijnden.

In de jaren die volgden, reisde ik over de hele wereld naar de meest exotische duikbestemmingen, om uiteindelijk toch steeds weer terug te keren naar Bonaire.

Het gevolg was: grond kopen en een huis bouwen, direct aan het turquoise en azuurblauwe water.

Ik ben er van overtuigd dat ik Bertie en de kinderen tekort heb gedaan, maar hen toch langzaam maar zeker ook met het Bonaire-virus heb besmet; het hele gezin woont nu op Bonaire! Bertie heeft inmiddels fotografie gestudeerd en is haast nog fanatieker dan ik... .

Ik fotografeer uitsluitend met Nikon-apparatuur. Naast twee Nikonos V camera's werk ik vooral met de Nikon F 90 camera in een Subal housing, met twee SB 103 Nikonos flitsers en een SB 25 flitser, eveneens in een Subal housing. Mijn favoriete lens is de 105 mm lens, die uitermate geschikt is voor (vis)portretfotografie. Mijn favoriete film is Fuji-Velvia. Met mijn foto's heb ik vele prijzen gewonnen en mijn werk wordt nationaal en internationaal in verschillende tijdschriften gepubliceerd.

Dit boek draag ik met veel dankbaarheid op aan Bertie, Gwen en Femke en mijn ouders Tine en Dé.

Dos Winkel,
Bonaire, 1995

Als Kind fand ich es herrlich, Ostereier zu suchen, die meine Eltern in den Dünen versteckten.

Tauchgänge rufen oft Kindheitserinnerungen an Ostern wach. Nur sind die Ostereier durch fabelhafte Schöpfungen der Natur ersetzt. Auf Bonaire wird jede Suche belohnt, und wirft immer einige gute Fotos ab.

Meine Liebe zur Natur verdanke ich meinen Eltern.

Es sollte jedoch noch viele Jahre dauern, bevor ich meinen ersten Tauchgang machte. Die dazwischenliegenden Jahre waren jedoch nicht gerade langweilig; ich machte zahllose abenteuerliche Reisen, neben meiner intensiven Arbeit als (Sport)Physiotherapeut/Dozent der orthopädischen Medizin, und als Autor vieler Bücher über diesen Fachbereich. Während einer der Lehrgänge den ich auf Aruba leitete, kam ich unvermeidlich mit den phantastischen Korallenriffen und ihren Bewohnern in Berührung. Ich hatte definitiv mein Herz verloren, mein Leben sollte sich ändern.

Die Insel Bonaire, die in der Nähe von Aruba liegt, sollte ein Unterwasserparadies sein, also auf nach Bonaire, wo ich und meine jüngste Tochter Femke den ersten Tauchschein machten. Die Frage war nur, wie ich Eltern und Freunden zu Hause etwas von dieser Schönheit vermitteln konnte. Es gab nur eine Lösung: fotografieren! Ich nahm an diversen Unterwasserfotografiekursen teil. Dort lernte ich auch Suzi und Jerry kennen, die Mitverfasser dieses Buches, die meine Kenntnisse vertieften.

In den Jahren danach reiste ich zu den exotischsten Tauchgründen der Welt, um schließlich doch immer wieder nach Bonaire zurückzukehren. Die Konsequenz war logisch: Land kaufen und ein Haus am Ufer des türkisblauen Wassers bauen.

Ich weiß, daß ich Bertie und die Kinder, ein wenig vernachlässigt habe, ich habe sie jedoch im Laufe der Zeit ebenfalls mit dem Bonairevirus angesteckt; die ganze Familie wohnt jetzt auf Bonaire! Bertie hat inzwischen Fotografie studiert, und ist fast noch begeisterter als ich.

Ich fotografiere ausschließlich mit Nikon-Ausrüstung. Außer mit zwei Nikonos V Kameras arbeite ich mit der Nikon F 90 Kamera in einem Subal Gehäuse, mit zwei SB 103 Nikonos Blitzgeräten und einem SB 25 Blitzgerät, ebenfalls in einem Subal Gehäuse. Mein Lieblingsobjektiv ist das 105 mm Objektiv, es ist überaus geeignet zur (Fisch)-Porträtfotografie. Mein Lieblingsfilm ist Fuji-Velvia. Ich habe mit meinen Fotos viele Preise gewonnen, und meine Arbeit wird in niederländischen und in verschiedenen internationalen Zeitschriften veröffentlicht.

Dieses Buch widme ich Bertie, Gwen und Femke, und meinen Eltern Tine und Dé, denen ich allen sehr dankbar bin.

Dos Winkel,
Bonaire, 1995

Bonaire

We are all searching for a magic island with blue skies, gentle breezes, calm azure seas and colourful underwater vistas. Add to the potion a healthy dose of comfortable accommodations, professional dive operations and friendly people, and Bonaire is that enchanted isle. Bonaire's charms gently weave a spell that no visitor can escape, and avid divers that have not yet found their way to this tranquil isle in the southern Caribbean are missing out on one of the top diving and snorkeling destinations in the world.

Bonaire is just fifty miles north of Venezuela. This prime location in the southern Caribbean places Bonaire far below the hurricane belt, and 365 days of sunny skies are almost guaranteed. To add to this perfection, Bonaire is blessed with cooling tropical trade winds that balance the warm, arid climate. A visit to Bonaire at any time of the year is delightful.

The constant trade winds bathe the island from east to west, and Bonaire's unique north/south orientation yields 24 miles of protected leeward coast. The lush reefs and dazzling marine life begin right at the shoreline, and the underwater topography is characterized by scattered coral heads gathering in density towards the crest (usually a depth of about 35 feet) of the gently sloping wall, and in most places, the wall is less than 100 feet offshore! The calm, clear water conditions make diving in Bonaire ideal for snorkelers as well as SCUBA divers. The seaside road is lined with bright yellow stones marking easy shore entries, and Bonaire is a dream come true of great visibility, lack of current, and warm water temperature.

Moorings to protect the reefs have been placed at more than seventy dive sites along the coast and surrounding the uninhabited island of Klein Bonaire (Little Bonaire). Captain Don Stewart began preaching marine conservation more than twenty-five years ago, and placed the first boat moorings at popular dive sites. Banning the use of anchors that destroy fragile reefs is a commonsense solution that has been copied by nations worldwide intent on protecting their own marine resources. Easy shore diving and convenient boat diving to these sites promise a wealth of variety in reef topography and marine life.

Captain Don also convinced the government to ban spear fishing, and, in 1979, the Bonaire Marine Park was officially opened to protect Bonaire's greatest natural resource. The Bonaire Marine Park was the first of its kind in the Caribbean to preserve an entire island, and legislation protects all the surrounding waters and its inhabitants from the high water mark to a depth of 200 feet. Spear fishing and anchoring are both against the law, and it is forbidden to remove anything living or dead from the reefs. An annual admission fee of US$10.00 is charged to all divers, visitors and residents alike, and these funds are used to maintain the mooring system, employ park rangers, and support research and educational efforts.

Snorkelers and divers can augment the efforts of the park by obeying the park regulations and practicing proper buoyancy control. Responsible interaction by every individual will preserve and protect the fragile ecosystem of the tropical coral reef.

The government has also enacted legislation to protect topside wildlife and has formed natural reserves and parks. Washington-Slagbaai National Park encompasses the entire northern tip of the island, and the flamingo sanctuary nestled deep within private property on Bonaire's southern end protects the only breeding and nesting site for the southern population of the Caribbean flamingo.

Residents are committed to preserving and protecting Bonaire's natural resources both above and below the sea. The commitment to protect the beauty of Bonaire ensures that every visitor will take home memories of an unspoiled paradise.

Bonaire's fine reputation is supported not only by the beauty and health of the Bonaire Marine Park, but by fine accommodations and professional dive operators. Water sports enthusiasts are the number one visitors and are warmly welcomed and appreciated.

With a population of 12,000 friendly inhabitants and only 112 square miles, sun-drenched Bonaire is an uncrowded and peaceful island. Not a single stoplight disturbs the tranquillity of Bonaire's charming colonial atmosphere. Bonaire has emerged as an internationally known top diving destination, and through the years, has become easily accessible by direct flights from the United States, Europe and South America. Bonaire is truly a "Diver's Paradise!"

We zijn allemaal op zoek naar een sprookjeseiland met een blauwe lucht, een zachte bries, een rustige azuurblauwe zee en een kleurrijke onderwaterwereld. Voeg bij dit toverdrankje comfortabele hotels, professionele duikfaciliteiten en vriendelijke mensen, en ziedaar, het sprookjeseiland ligt voor u klaar: Bonaire. De bekoringen van Bonaire betoveren alle bezoekers. Hartstochtelijke duikers die de weg naar dit rustige eiland in het zuiden van het Caribisch gebied nog niet hebben gevonden, laten één van 's werelds beste duik- en snorkellocaties links liggen.

Bonaire ligt nog geen 100 km van Venezuela - een ideale locatie in het zuiden van het Caribisch gebied, ver beneden de hurricane-gordel met zo goed als zeker 365 zonnige dagen. Bovenop deze volmaaktheid is Bonaire gezegend met verkoelende tropische passaatwinden, die het warme en droge klimaat in balans houden. Een bezoek aan Bonaire is het hele jaar door een verrukkelijk feest.

De constante passaatwinden bestrijken het eiland van oost naar west. De ideale noord-zuid-oriëntatie levert bijna 40 km beschutte kust op aan lijzijde. De bonte riffen en de adembenemende maritieme flora en fauna beginnen direct bij de kust. De onderwater-topografie wordt gekenmerkt door verspreide koraalbanken die een grotere dichtheid gaan vertonen in de richting van de top (gewoonlijk ongeveer 10 m diep) van de zacht hellende wand, die op de meeste plaatsen minder dan 30 m uit de kust ligt! Het rustige en heldere water maakt Bonaire tot een ideale snorkel- en duiklocatie. Gele stenen langs de kustweg markeren de plaatsen waar de kust gemakkelijk bereikbaar is. Bonaire is een droom vanwege het uitstekende zicht, het ontbreken van stroming, en het warme water.

Ter bescherming van de riffen heeft men op meer dan zeventig duiklocaties meerplaatsen gecreëerd langs de kust en rondom het onbewoonde eiland Klein-Bonaire. Kapitein Don Stewart begon meer dan 25 jaar geleden de bescherming van de zee te propageren en liet de eerste meerplaatsen aanleggen op populaire duiklocaties. Het verbieden van ankers die de kwetsbare riffen ernstig beschadigen is een verstandige maatregel die door alle landen wordt nagevolgd die het behoud van hun eigen wateren serieus nemen. Goede duikmogelijkheden langs de kust en bootexcursies naar de riffen bieden een grote verscheidenheid aan onderwater-natuurschoon. Kapitein Don wist de regering tevens tot een verbod op het speervissen te bewegen. En in 1979 werd het Bonaire Marine Park officieel geopend ter bescherming van het prachtige natuurschoon van het eiland. Het Bonaire Marine Park is het eerste in zijn soort in het Caribisch gebied dat een compleet eiland beschermt. De wet beschermt al de omliggende wateren en haar bewoners, vanaf de vloedlijn tot op een diepte van 60 m. Het is streng verboden om met een harpoen te vissen, te ankeren, en souvenirs (dood of levend) mee te nemen van de riffen. Er geldt een jaarlijkse toegangsprijs van US$ 10 voor alle duikers, bezoekers en inwoners. Dit geld wordt gebruikt voor onderhoud van de meerplaatsen, salarissen van de parkwachters, alsmede ondersteunend onderzoekswerk en educatieve doeleinden.

Zwemmers en duikers kunnen aan dit alles een steentje bijdragen door zich aan de parkvoorschriften te houden en de duikregels goed in acht te nemen. Een verantwoord gedrag betekent het behoud van het kwetsbare ecosysteem van het tropische koraalrif.

De overheid heeft ook maatregelen getroffen ter bescherming van flora en fauna boven de waterlijn, door middel van natuurreservaten en -parken. Het Washington Slagbaai National Park omvat de complete noordpunt van het eiland, en het op particulier terrein liggende flamingo-reservaat beschermt de enige broed- en nestelplaats voor de zuidelijke populatie van de Caribische flamingo.

De eilandbewoners zetten zich volledig in voor het behoud van het plaatselijke natuurschoon. Deze verplichting om de schoonheid van Bonaire te beschermen, biedt iedere bezoeker de garantie, herinneringen van een onbedorven paradijs mee naar huis te nemen. Bonaire dankt zijn uitstekende reputatie echter niet alleen aan het prachtige Bonaire Marine Park, maar tevens aan de uitstekende accommodaties en professionele duikvoorzieningen. Watersportliefhebbers vormen de grootste groep bezoekers en worden hier met open armen ontvangen.

Het zonovergoten Bonaire met zijn 12.000 vriendelijke bewoners en amper 300 km^2 is een heerlijk rustig eiland. Geen enkel verkeerslicht verstoort de rust van de bekoorlijke koloniale atmosfeer. Bonaire is een duiklocatie van formaat geworden, die internationale bekendheid geniet. Het is gemakkelijk bereikbaar met rechtstreekse vluchten vanuit de VS, Europa en Zuid-Amerika. Bonaire is een onvervalst duikers- en snorkelaarsparadijs!

Wir träumen alle von einer Tropeninsel, mit einem azurblauen Himmel, einer lauen Brise, ruhigem, kristallklarem Wasser und einer bunten Unterwasserwelt.
Diesen Zaubertrank mixe man mit einigen Spritzern guter Hotels, professioneller Tauchschulen und freundlichen Leuten - und, hokuspokus, fertig ist das Paradies Bonaire. Der Zauber Bonaires nimmt jeden Besucher langsam gefangen. Begeisterten Tauchern, die diese ruhige Insel im Süden der Karibik noch nicht entdeckt haben, entgeht eines der besten Tauch- und Schnorchelgebiete der Welt.

Bonaire liegt knapp 100 km nördlich von Venezuela. Die Lage in der südlichen Karibik ist ideal, weit unter dem Gürtel tropischer Wirbelstürme, mit beinahe 365 Tagen Sonnengarantie. Ü berdies ist Bonaire mit erfrischenden tropischen Passatwinden gesegnet, die das warme, trockene Klima im Gleichgewicht halten. Eine Reise nach Bonaire ist in jeder Jahreszeit herrlich.

Die gleichmäßigen Passatwinde wehen von Ost nach West über die Insel. Durch die einzigartige Nord-Süd Ausrichtung besitzt Bonaire an der Leeseite fast 40 km windgeschützte Küste. Die üppigen Riffe und die atemberaubende maritime Flora und Fauna befinden sich unmittelbar vor der Küste. Die Unterwassertopographie zeichnet sich durch verschiedene Korallenbänke aus, die in der Nähe des Kamms der sanft abfallenden Wand eine größere Dichte erreichen - diese liegt an den meisten Stellen nur 30 m von der Küste entfernt! Das ruhige, klare Wasser Bonaires ist ideal zum schnorcheln und tauchen. An der Küstenstraße markieren gelbe Steine die Stellen, an denen die Küste bequem zugänglich ist. Strömungen gibt es nicht, die große Sichtweite und das warme Wasser Bonaires sind traumhaft.

Zum Schutz der Riffe hat man in der Nähe von mehr als siebzig Tauchgründen, entlang der Küste der unbewohnten Insel Klein-Bonaire, Anlegeplätze geschaffen. Vor mehr als 25 Jahren machte Kapitän Don Stewart einen Anfang mit dem Meeresschutz, indem er die ersten Anlegeplätze bei beliebten Tauchplätzen anlegen ließ. Das Ankerverbot - ankern zerstört die empfindlichen Riffe - ist eine vernünftige Maßnahme, und wird in der ganzen Welt von Ländern, die ihre Gewässer schützen wollen, nachgeeifert. Von der großen Naturschönheit unter Wasser kann man genießen, indem man die guten Tauchgründe entlang der Küste besucht, oder einen Bootsausflug zu den Riffen macht.

Kapitän Don überzeugte die Regierung auch, Harpunen zu verbieten. 1979 wurde der Bonaire Marine Park zum Schutze der größten Naturschönheit Bonaires offiziell eröffnet. Der Bonaire Marine Park ist der erste dieser Art in der Karibik. Das Gesetz schützt eine ganze Insel, die umliegenden Gewässer, sowie ihre Bewohner von der Strandlinie bis zu 60 Metern Tiefe. Es ist streng verboten, mit Harpune zu tauchen, zu ankern, oder Souvenirs von den Riffen (tot oder lebend) mitzunehmen. Alle Taucher, Besucher und Bewohner müssen ein jährliches Eintrittsgeld in der Höhe von 10 US $ entrichten. Dieses Geld wird zur Instandhaltung des Ankerplatzsystems und für die Löhne der Parkwärter verwendet, sowie zu Forschungszwecken.

Schwimmer und Taucher können einen Beitrag leisten, indem sie sich an die Parkordnung halten und die Tauchregeln einhalten. Verantwortungsbewußtes Verhalten kann das empfindliche Ökosystem der tropischen Korallenriffe erhalten und schützen.

Zum Schutze der Flora und Fauna an Land hat die Regierung Naturschutzgebiete und -parks geschaffen. Der gesamte Nordzipfel der Insel gehört zum Washington Slagbaai National Park; das Flamingoreservat, das sich auf Privatgelände befindet, schützt das einzige Brut- und Nistgebiet der südlichen Population des karibischen Flamingos.

Die Inselbewohner setzen sich für den Erhalt und Schutz der Naturschätze über und unter Wasser ein. Die Gesetze, die die Schönheit Bonaires schützen, garantieren jedem Besucher, daß er ein unverdorbenes Paradies antrifft. Bonaire hat seinen Ruf jedoch nicht nur dem einzigartigen Bonaire Marine Park zu verdanken, sondern auch den ausgezeichneten Unterkünften und professionellen Tauchschulen. Wassersportfreunde sind die größte Besuchergruppe, und sie werden hier mit offenen Armen empfangen.

Das sonnige Bonaire, mit 12.000 freundlichen Bewohnern und kaum 300 km2 Oberfläche, ist eine idyllische Insel. Keine einzige Ampel stört die bezaubernde koloniale Atmosphäre. Bonaire ist ein international bekannter Tauchertreff geworden. Es ist mit Direktflügen aus den USA, Europa und Südamerika gut zu erreichen. Bonaire ist ein echtes 'Taucherparadies'.

The coral reef

Fascination with the ocean and its inhabitants is well documented throughout the ages. Ancient myths explained the unexplainable as being from the sea. Shells - in recognition of their value as objects of beauty from an alien environment and difficult to obtain - have been used as currency by many societies, and art has depicted recognizable sea creatures as well as mysterious fantasies from the deep. Yet, understanding the living coral reef is a recent undertaking.

Interest has grown significantly since Darwin originally put forth his theories concerning the coral reef in the early 1840's, and the advent of fully automatic self-contained underwater breathing apparatus (SCUBA) in the 1940's enabled human kind to easily observe and actually interact with life beneath the sea. Finally, accurate knowledge is laying to rest many misunderstandings and preposterous beliefs, as well as determining the roles the ocean and the coral reef play in the continued health and well-being of our planet.

The tropical coral reef is densely populated with myriad species of algae, corals, sponges, fascinating invertebrates and vivacious fish. The interrelationships of these creatures are delicately balanced and form one of the most complicated ecosystems found on Earth. Fortunately, Bonaire easily meets the many conditions necessary to support a flourishing coral reef.

Vulnerable, free swimming coral larvae need a sturdy substrate - hard, clean and silt-free - to start new colonies. Bonaire's rocky shore and shallow undersea terrace are suitable for firm attachment, and the fringing reef that has developed hosts many species competing for space. Other vital environmental aspects are stable water temperature, salinity and clarity, as well as constant water movement.

Corals only live in tropical waters and tolerate a narrow temperature range from 70° to 85° F. Strong fluctuations in temperature and salinity kill the coral; therefore, construction of complexes with hot and/ or chemical effluents must be avoided. All biological creatures ultimately depend on the sun's energy - photosynthesis by plants produces the oxygen necessary to support the life functions of animals. Good water clarity allows the nurturing sunlight to reach the plants that live in the sea. Sedimentation, silt from construction, and an overabundance of phytoplankton (perhaps the result of raw, nutrient-rich sewage) will adversely affect water clarity. In addition, silt particles will actually settle on the coral colony and suffocate the polyps. Gentle water movement constantly replenishes the supply of oxygen and planktonic food across the coral colonies. Luckily, Bonaire can currently boast of of her ideal environment for healthy coral reefs.

Corals form an intricate framework for overall reef structure by manufacturing calcium carbonate skeletons. Constantly increasing in mass and growing seaward, coral "boulders" develop distinctive shapes and patterns. Damaged or dead boulders provide suitable substrate for corals, sponges or algae, and nooks and crannies provide hiding and resting places for invertebrates and fish. Soft corals contribute their three-dimensional beauty, as well as tree-like branches to shelter and support a variety of marine life.

Life on the reef encompasses the basic needs of food, shelter, reproduction, and safety, and remarkable interdependent relationships - some good and some bad - known as symbiosis have been forged between species. Some relationships are temporary, and others are a lifelong commitment. Many of these complex relationships are easily observed.

"Parasitism" is a symbiotic relationship in which one organism benefits and the other is harmed. A parasite-host relationship is shared by the crustaceous isopod and the creolefish. Carefully watch for a medium-sized pink fish swimming above the reef with a crab-like creature stuck on its face. Unlike true predation, the isopod does not intend to gorge itself and devour the fish, but it does feed on blood and tissue.

"Commensalism" occurs when one organism benefits but the other neither benefits nor is harmed. A tiny triangular decorator crab, the cryptic teardrop crab, attaches living sponges to its body and legs. Its "cryptic colouration" blends with the background and disguises the crab's shape. The sponges derive no significant benefit beyond a free ride.

Both organisms benefit through "mutualism," and any cleaning station will yield amazing observations. Predation ceases between species as the "customer" indicates to shrimp and small cleaning fish the need for a beauty treatment. The cleaners receive a meal and the customer has parasites and debris removed from its body, mouth and gills.

Fascinating, beautiful and sometimes brutal, life beneath the sea is innocent, yet so vulnerable to humankind's inadequate knowledge. Only continued, careful study can advance the urgent need to understand the living coral reef and the complex relationship that exists between land and sea.

Het koraalrif - De betovering die van de zee en zijn bewoners uitgaat, is door de eeuwen heen uitvoerig beschreven. Oude mythen legden het onverklaarbare uit als iets dat uit de zee afkomstig was. Schelpen zijn - als erkenning van hun waarde als zeldzame fraaie voorwerpen uit een vreemde omgeving - door talrijke beschavingen als betaalmiddel gebruikt, en zowel herkenbare zeedieren alsook mysterieuze fantasieschepsels uit de zee zijn veelvuldig als thema gebruikt voor kunstwerken. Maar het doorgronden van het levende koraalrif is een aangelegenheid van recenter datum.

De belangstelling hiervoor is sterk toegenomen, sinds Darwin omstreeks 1840 zijn theorieën aangaande het koraalrif presenteerde. En de komst van het fully automatic self-contained underwater breathing apparatus (SCUBA) in de jaren '40 stelde de mensheid in staat om alles gemakkelijk te observeren en deelgenoot te worden van het leven onder water. Een goed inzicht hierin maakt een einde aan misverstanden en waanideeën en toont aan welke rol de zee en het koraalrif bij gezondheid en welzijn van onze planeet spelen.

Het tropische koraalrif is dicht bevolkt met ontelbare soorten algen, koralen, sponzen, ongewervelde dieren en vissen. De onderlinge relaties tussen deze schepsels zijn onderworpen aan een nauw luisterend evenwicht en vormen één van 's werelds meest gecompliceerde ecosystemen. Gelukkig voldoet Bonaire aan de voorwaarden om een bloeiend koraalrif in stand te houden.

De kwetsbare, vrij ronddrijvende koraallarven hebben een stevige ondergrond nodig - hard, schoon en vrij van slib - om voor nieuwe kolonies te zorgen. De rotsachtige kust en het ondiepe onderwaterterras van Bonaire zijn geschikt voor een stevige aanhechting en het omringende rif herbergt talloze species die om een plekje vechten. Andere vereisten zijn stabiele watertemperatuur, zoutgehalte en helderheid, alsmede een constante beweging van het water.

Koralen leven uitsluitend in tropische wateren en verdragen een temperatuurschommeling van 20 tot 29°C. Sterke fluctuaties in temperatuur en zoutgehalte zijn dodelijk voor het koraal; daarom dient de bouw van complexen met warm en/of chemisch afvalwater te worden vermeden. Alle schepsels zijn afhankelijk van zonneënergie - fotosynthese bij planten produceert de zuurstof die nodig is om dieren hun energie te geven. Een optimale helderheid van het water stelt het voedende zonlicht in staat om de planten onder water te bereiken. Sedimentatie, slib en te veel fytoplankton (waarschijnlijk het gevolg van ongezuiverd rioolwater dat rijk is aan voedingsstoffen) tasten de helderheid van het water aan. Bovendien is er slibafzetting op de koraalkolonie en verstikken de poliepen. Een rustige beweging van het water zuivert de voorraad zuurstof en plankton voortdurend aan. Bonaire kan bogen op een ideaal leefklimaat voor gezonde koraalriffen.

Koralen vormen een gecompliceerd raamwerk voor de complete rifstructuur met de vorming van kalkskeletten. De steeds groter wordende en zeewaarts aanwassende 'koraalblokken' nemen heel bijzondere vormen aan. Beschadigde of afgestorven blokken vormen een geschikte ondergrond voor koralen, sponzen of algen, en hoekjes en spleten dienen als schuilplaatsen voor ongewervelde dieren en vissen. Zachte koralen hebben een driedimensionale schoonheid en lijken op takken van een boom. Zij dienen mede als onderdak en bescherming voor talrijke zeedieren.

Het leven op het rif behelst de primaire behoeften als voedsel, beschutting, voortplanting en veiligheid, en er worden opmerkelijk afhankelijke relaties - goede en slechte - gesmeed tussen diersoorten. We noemen dit symbiose. Sommige relaties zijn tijdelijk en andere levenslang. Veel van deze complexe relaties zijn duidelijk waarneembaar.

Parasitisme is een symbiotische relatie, waar één organisme voordeel en het andere nadeel van ondervindt. Een parasiet-gastheer-relatie onderhouden de vissevlo en de creolenvis. Kijk eens uit naar een middelgrote, boven het rif zwemmende roze vis met een op een krab lijkend dier op zijn kop (blz. 26). De vissevlo beoogt niet, zoals bij echte roofzucht, om de vis te verslinden, maar voedt zich met bloed en weefsel.

Van *commensalisme* is sprake, wanneer één organisme profijt van de relatie heeft en het andere voordeel noch nadeel. Een kleine driehoekige decoratie krab, de "cryptic teardrop crab", hecht levende sponzen vast aan zijn lijf en poten (blz. 120). Zijn tekening vormt één geheel met zijn omgeving en camoufleert het dier. De sponzen hebben er, afgezien van een gratis rit, geen grote voordelen bij.

Beide organismen hebben profijt van *mutualisme* en elk schoonmaakstation levert verbazingwekkende taferelen op. De roofzucht houdt op, wanneer de 'klant' garnalen en kleine poetsvissen laat weten, een schoonheidsbehandeling te ambiëren (blz. 122). De schoonmakers krijgen een maaltijd in ruil voor het verwijderen van parasieten en organisch afval op het lichaam, de bek en de kieuwen van de klant.

Het boeiende, prachtige en soms wrede leven in de zee is nog onaangetast, maar o zo kwetsbaar als gevolg van de gebrekkige kennis van de mens. Onafgebroken grondig onderzoek is een eerste vereiste voor het verkrijgen van een optimaal inzicht in het levende koraalrif en de complexe relatie tussen het land en de zee.

Die Faszination des Meeres und seiner Bewohner wird schon seit Jahrhunderten beschrieben. In alten Mythen stammte das Unerklärliche meist aus dem Meer. Muscheln wurden von vielen Kulturen - die diesen seltenen, schönen Objekten aus einer unbekannten Welt Wert beimaßen - als Zahlungsmittel benutzt; in der Kunst stellte man sowohl erkennbare Seetiere, als auch mysteriöse Phantasiegeschöpfe aus dem Meer dar. Die Erforschung des lebenden Korallenriffs ist ein Unternehmen neueren Datums.

Nachdem Darwin um 1840 seine Theorien über das Korallenriff veröffentlicht hatte, nahm das Interesse zu. Die Einführung des fully automatic self-contained underwater breathing apparatus (SCUBA) in den vierziger Jahren, ermöglichte es den Menschen, das Unterwasserleben mühelos zu observieren und daran teilzunehmen. Die Geheimnisse des Meeres konnten gelüftet werden und machten den Mißverständnissen und Wahnbildern ein Ende. Man konnte nachweisen, daß das Meer und das Korallenriff für das Wohl unseres Planeten eine große Rolle spielen.

Das tropische Korallenriff ist dicht bevölkert, unzählige Arten Seetang, Korallen, Schwämme, wirbellose Tiere und Fische leben hier. Die Wechselbeziehung zwischen diesen Lebewesen ist eines der kompliziertesten Ökosysteme der Erde. Es ist erfreulich, daß auf Bonaire die Bedingungen für ein blühendes Korallenriff hervorragend sind.

Die empfindlichen, frei herumschwimmenden Korallenlarven benötigen einen festen Untergrund - hart, sauber und schlammfrei - um neue Kolonien zu gründen. Die felsige Küste und die seichte Unterwasserterasse von Bonaire geben Korallen Halt, und auf dem umringenden Riff leben unzählige Arten, die sich den Platz streitig machen. Außerdem müssen Wassertemperatur, Salzgehalt und Sauberkeit konstant sein, und muß das Wasser in Bewegung bleiben.

Korallen leben ausschließlich in tropischen Gewässern und vertragen Temperaturschwankungen von 20 bis 29°C. Starke Schwankungen der Temperatur und des Salzgehaltes sind für die Koralle tödlich; der Bau von Anlagen, die warmes und/oder chemisches Abwasser abführen, muß vermieden werden. Alle Lebewesen brauchen Sonnenenergie - die Photosynthese der Pflanzen produziert den Sauerstoff, den die Tiere benötigen. Eine optimale Klarheit des Wassers ermöglicht es, daß das nährende Sonnenlicht die Unterwasserpflanzen erreicht. Ablagerungen, Schlamm und zuviel Phytoplankton (das wahrscheinlich durch ungeklärte, nährstoffreiche Abwässer entsteht) trüben das Wasser. Außerdem ersticken Schlickablagerungen die Polypen auf der Korallenkolonie. Sanfte Wasserbewegung regelt die Sauerstoffzufuhr, und führt den Planktonvorrat für die Korallenkolonie an. Bonaire kann sich idealer Voraussetzungen für gesunde Korallenriffe rühmen.

Korallen, die ja Kalkskelette produzieren, bilden ein kompliziertes Grundgerüst für die Riffstruktur. Die seewärts konstant anwachsenden Korallenbänke entwickeln besondere Formen und Muster. Beschädigte oder abgestorbene Korallenstöcke sind ein hervorragender Untergrund für Korallen, Schwämme oder Seetang; Nischen und Spalten gewähren wirbellosen Tieren und Fischen Unterschlupf. Die wunderschönen Weichkorallen haben baumartige Zweige, die zahlreichen Seetieren Obdach und Schutz gewähren.

Das Riff sorgt für Grundbedürfnisse wie Nahrung, Unterschlupf, Fortpflanzung und Sicherheit, und es entstehen bemerkenswerte Symbiosen, positive und negative, zwischen den Tierarten. Einige Symbiosen sind von kurzer Dauer, andere lebenslang. Viele dieser komplexen Wechselbeziehungen kann man gut beobachten.

Parasitismus ist eine symbiotische Beziehung, wobei ein Organismus Nutznießer auf Kosten des anderen ist. Fischfloh und Kreolen-Lippfisch haben eine Parasit-Wirt-Beziehung. Achten Sie auf einen mittelgroßen, über dem Riff schwimmenden, rosa Fisch, auf dessen Kopf sich ein krebsartiges Tier befindet. Der Fischfloh ist kein Raubtier, das den Fisch verschlingen will, sondern ernährt sich mit Blut und Gewebe.

Man spricht von Kommensalismus, wenn ein Organismus Nutznießer ist, der von seinem Wirt lebt, ohne ihm zu schaden. Der kleine Krebs Pelia Mutica klebt lebende Schwämme an seinen Körper und seine Pfoten. Die Zeichnung des Körpers ist der Umgebung angepaßt und tarnt das Tier. Die Schwämme haben, außer einem gratis Ausflug, davon keinen Vorteil.

Vom Mutualismus profitieren beide Organismen, und in den Putzerstuben spielen sich erstaunliche Szenen ab. Raubsucht spielt keine Rolle mehr, wenn der 'Kunde' Garnelen und kleinen Putzerfischen zu verstehen gibt, daß er eine Schönheitsbehandlung will. Die Putzerfische bekommen eine Mahlzeit, und der Kunde ist Parasiten und organischen Abfall auf dem Körper, dem Maul, und den Kiemen los.

Die überwältigende, und zuweilen grausame Natur des Meeres ist noch unberührt, mangelndes Verständnis des Menschen bringt sie jedoch schnell aus dem Gleichgewicht. Ständige, gründliche Erforschung ist dringend notwendig, um das Korallenriff und die komplexe Beziehung zwischen Land und Meer begreifen zu können.

Blue

Blue

Blau

Blauw

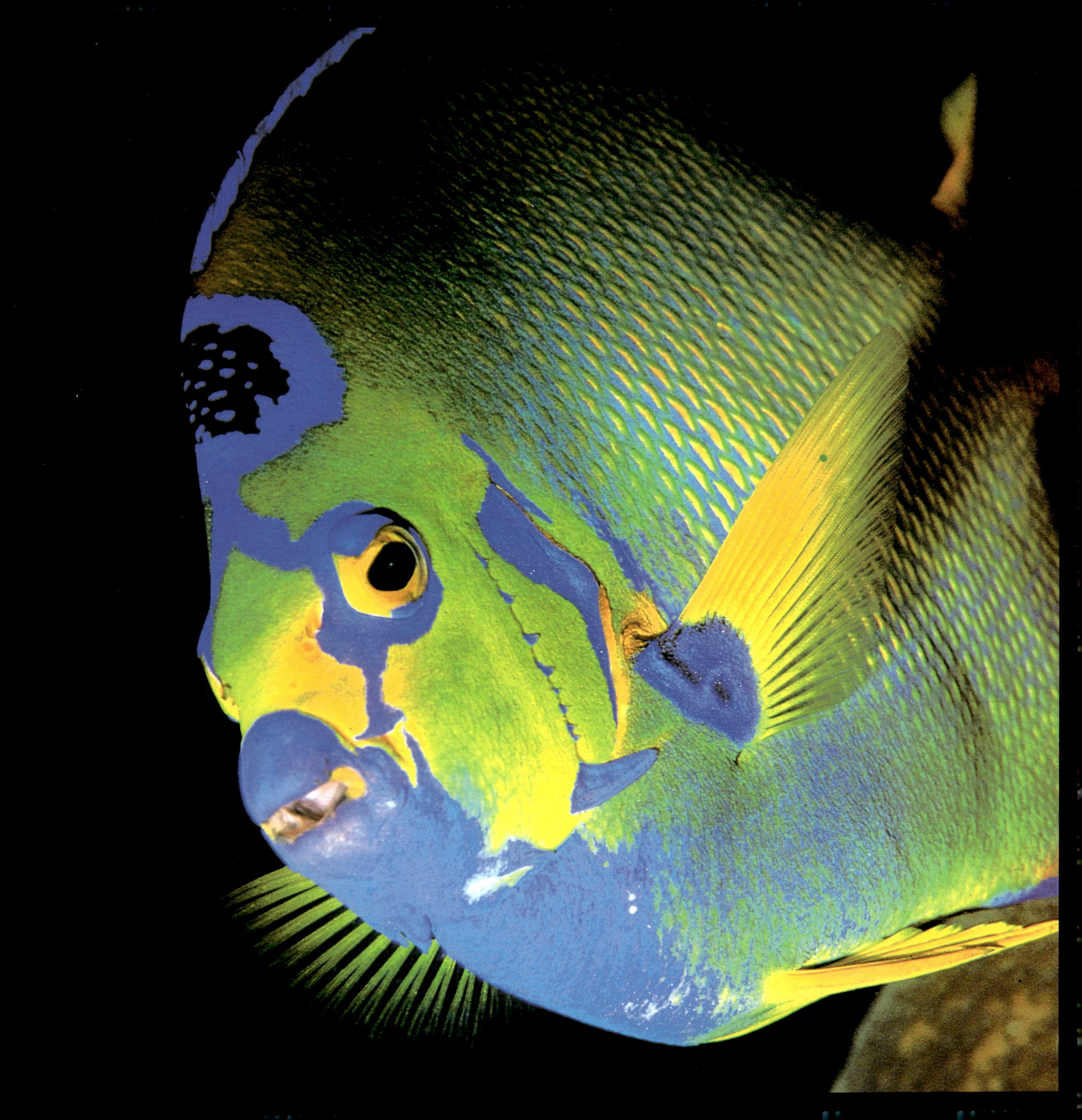

Susan Lee Swygert
Deepwater Sea Fan - *Iciligorgia schrammi* / Black & White Crinoid - *Nemaster grandis*

Susan Lee Swygert

Azure Vase Sponge - *Callyspongia plicifera* / Black & White Crinoid - *Nemaster grandis*

Susan Lee Swygert
Queen Angelfish - *Holacanthus ciliaris* / Brown Tube Sponge - *Agelas conifera*

Jerry Schnabel
Creole Wrasse - *Clepticus parrae*

Susan Lee Swygert
Banded Butterflyfish - *Chaetodon striatus*

Susan Lee Swygert

Trumpetfish - *Aulostomus maculatus* / Sea Plumes - *Pseudopterogorgia* sp.

Yellow
Gelb
Yellow
Geel

Jerry Schnabel
Rock Beauty - *Holacanthus tricolor*

Dos Winkel
French Angelfish - *Pomacanthus paru*

Jerry Schnabel

Longsnout Seahorse - *Hippocampus reidi*

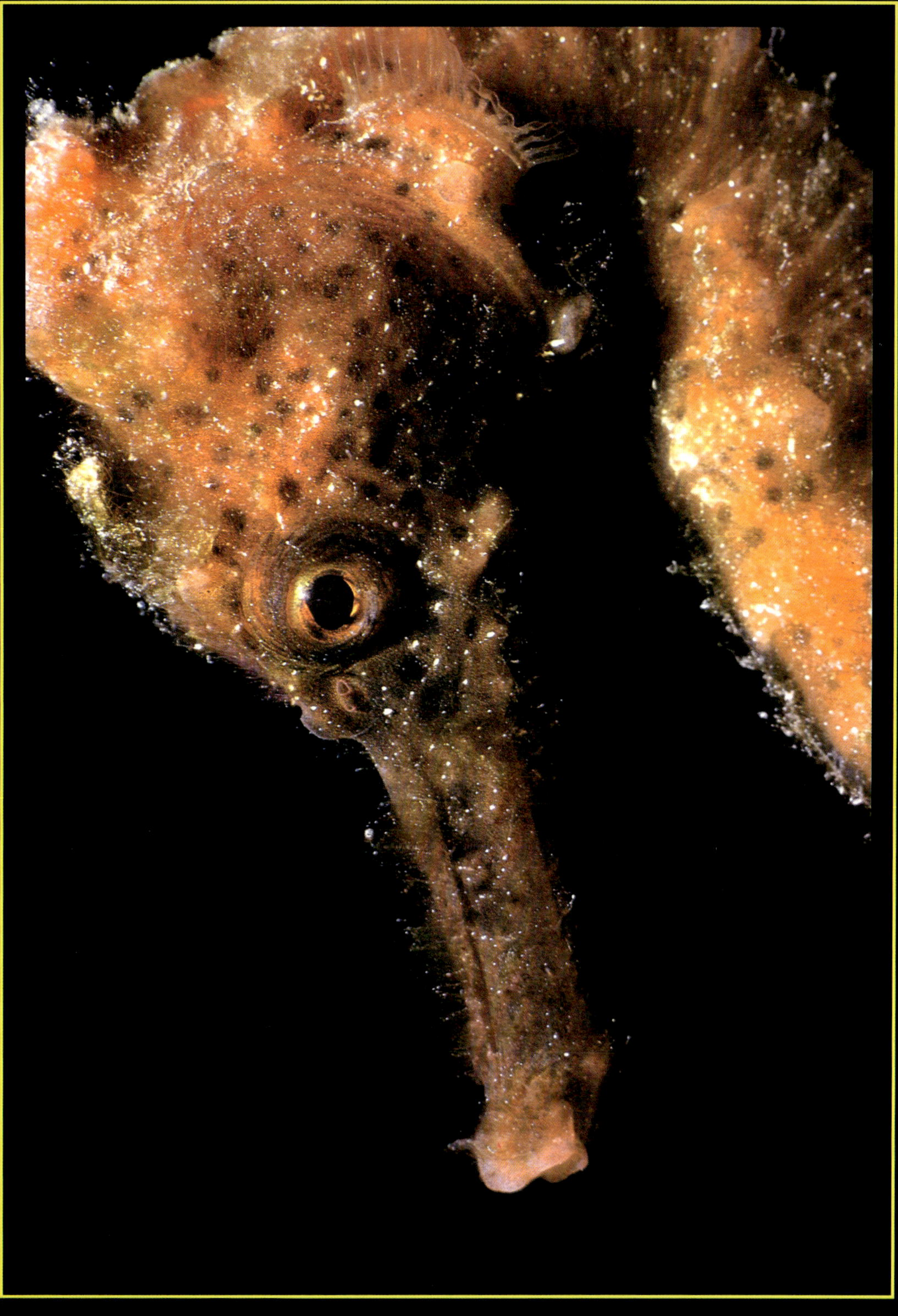

Susan Lee Swygert
Longsnout Seahorse - *Hippocampus reidi*

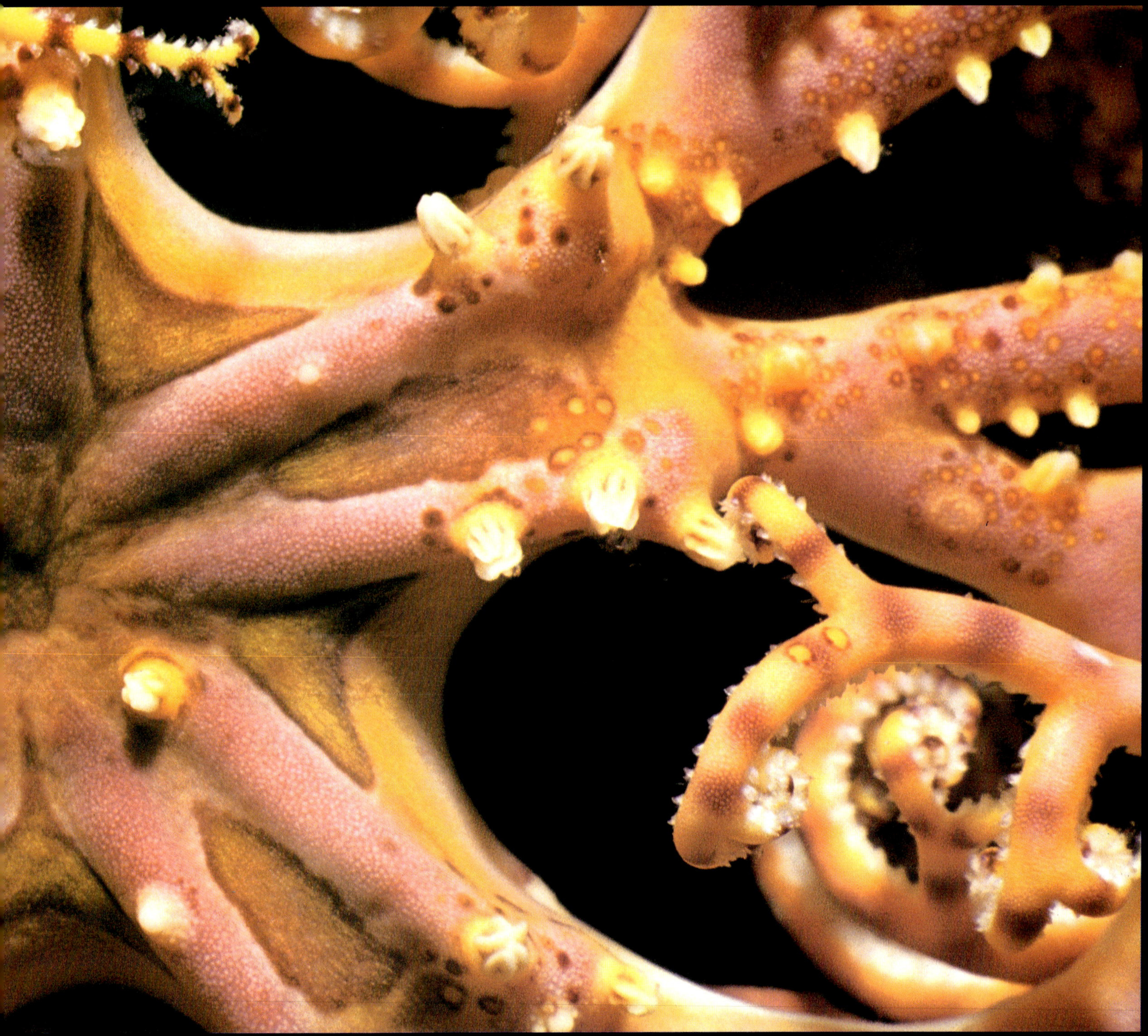

Susan Lee Swygert
Yellowline Goby - *Gobiosoma oceanops*

Dos Winkel
Squirrelfish - *Holocentrus adscensionis*

Susan Lee Swygert
Longspine Squirrelfish - *Holocentrus rufus*

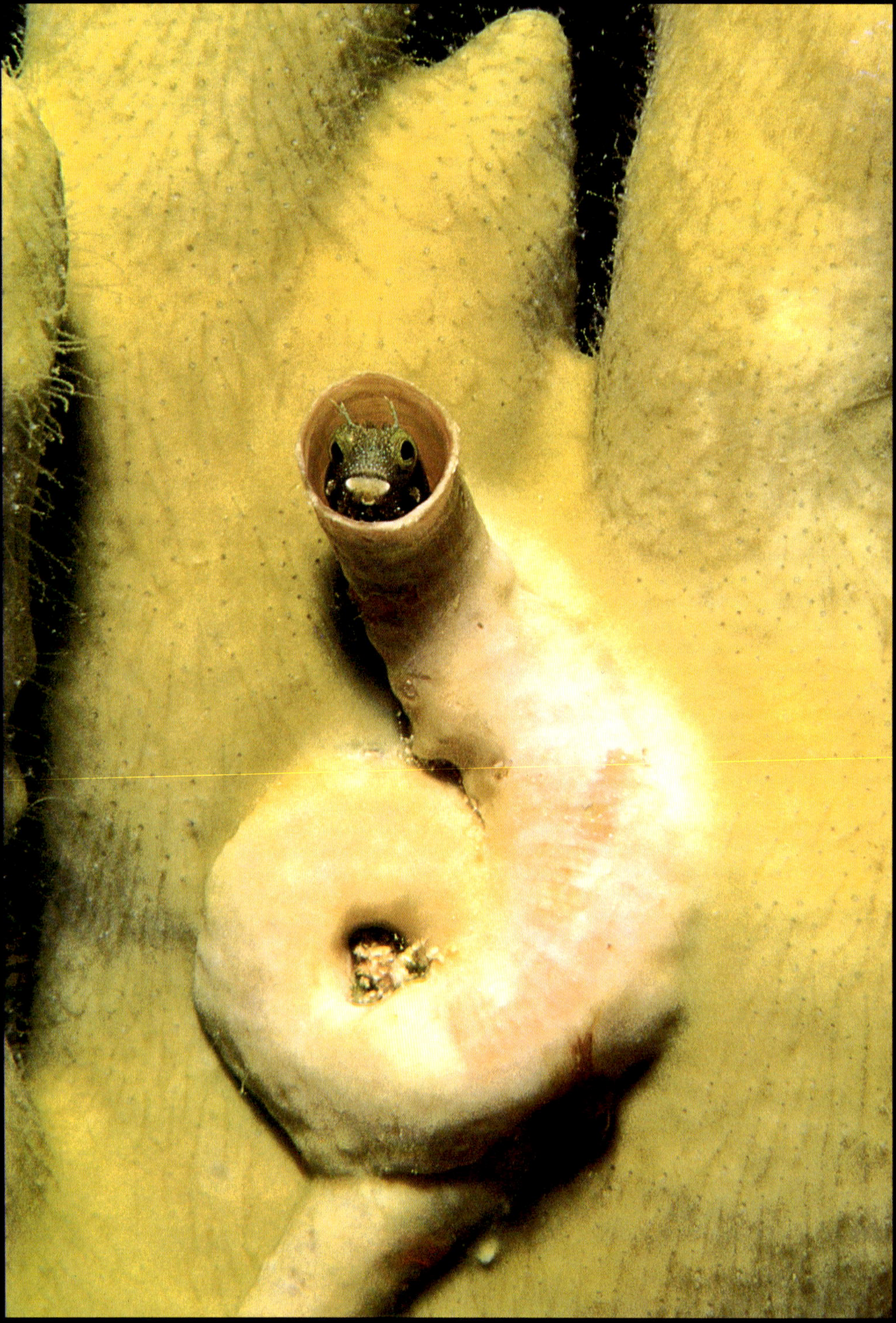

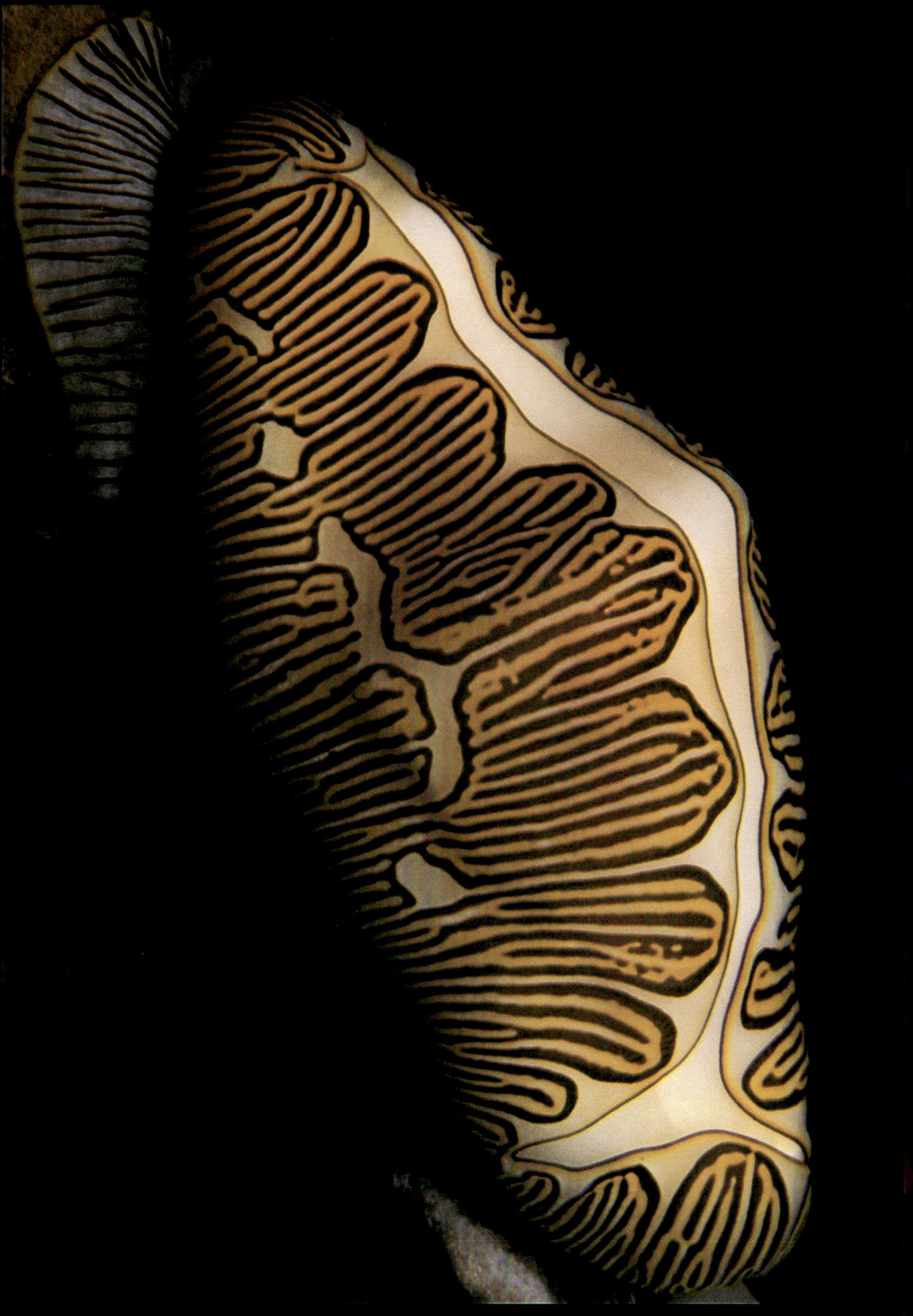

Violet
Violett
Violet
Violet
Violett

Jerry Schnabel

Longspine Squirrelfish - *Holocentrus rufus* / Touch-me-not Sponge - *Neofibularia nolitangere*

Dos Winkel

Longsnout Seahorse · *Hippocampus reidi* / Row Pore Rope Sponge · *Aplysina cauliformis*

Dos Winkel

Squirrelfish - *Holocentrus adscensionis* / Branching Tube Sponge - *Pseudoceratina crassa*

Susan Lee Swygert
Peppermint Shrimp - *Lysmata wurdemanni*

Susan Lee Swygert

Christmas Tree Worm - *Spirobranchus giganteus*

Susan Lee Swygert

Squat Anemone Shrimp · *Thor amboinensis* / Giant Anemone · *Condylactis gigantea*

Susan Lee Swygert
Spotted Cleaner Shrimp - *Periclimenes yucatanicus*

Dos Winkel

Flamingo Tongue - *Cyphoma gibbosum* / Christmas Tree Worm - *Spirobranchus giganteus*

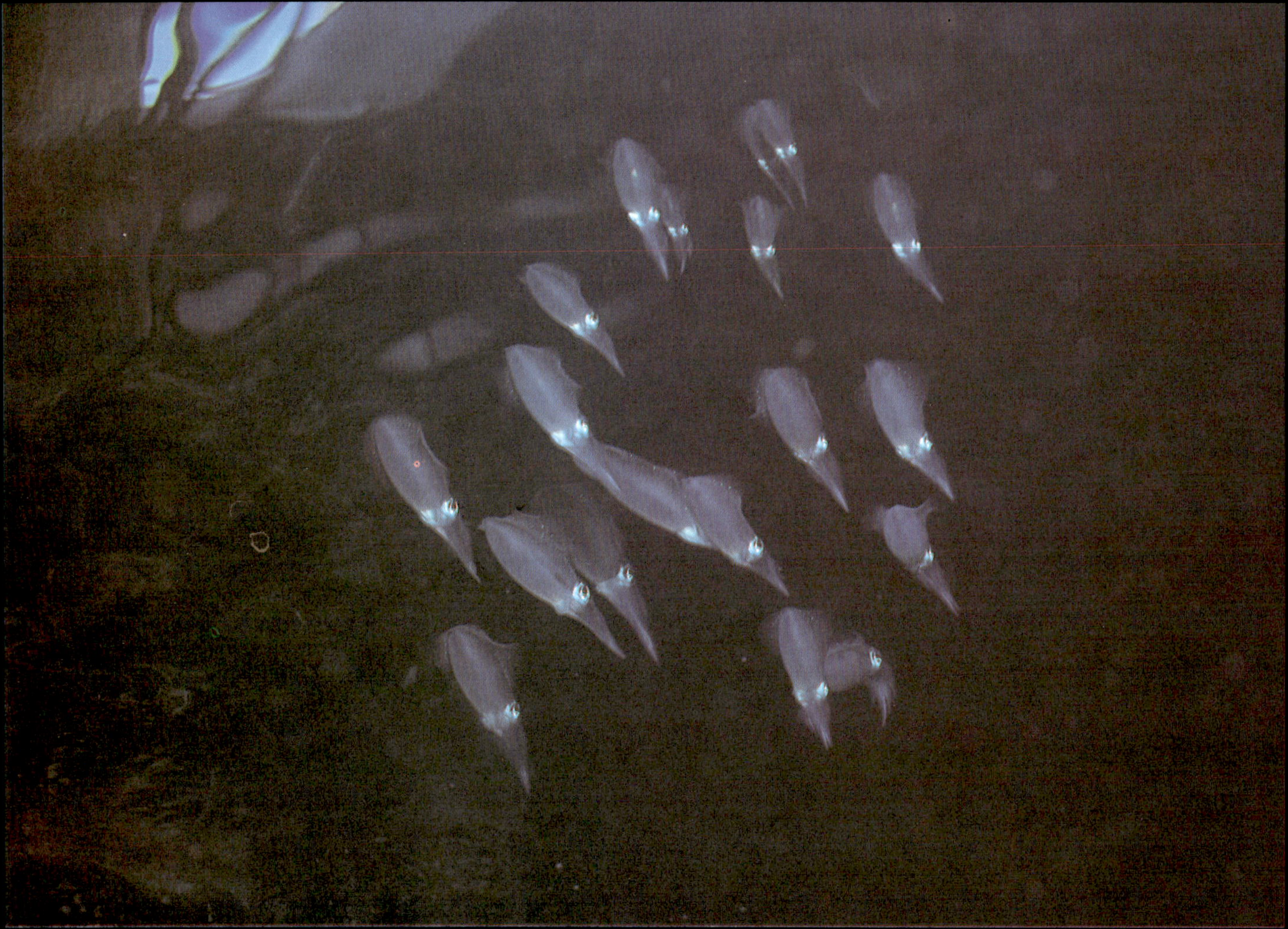

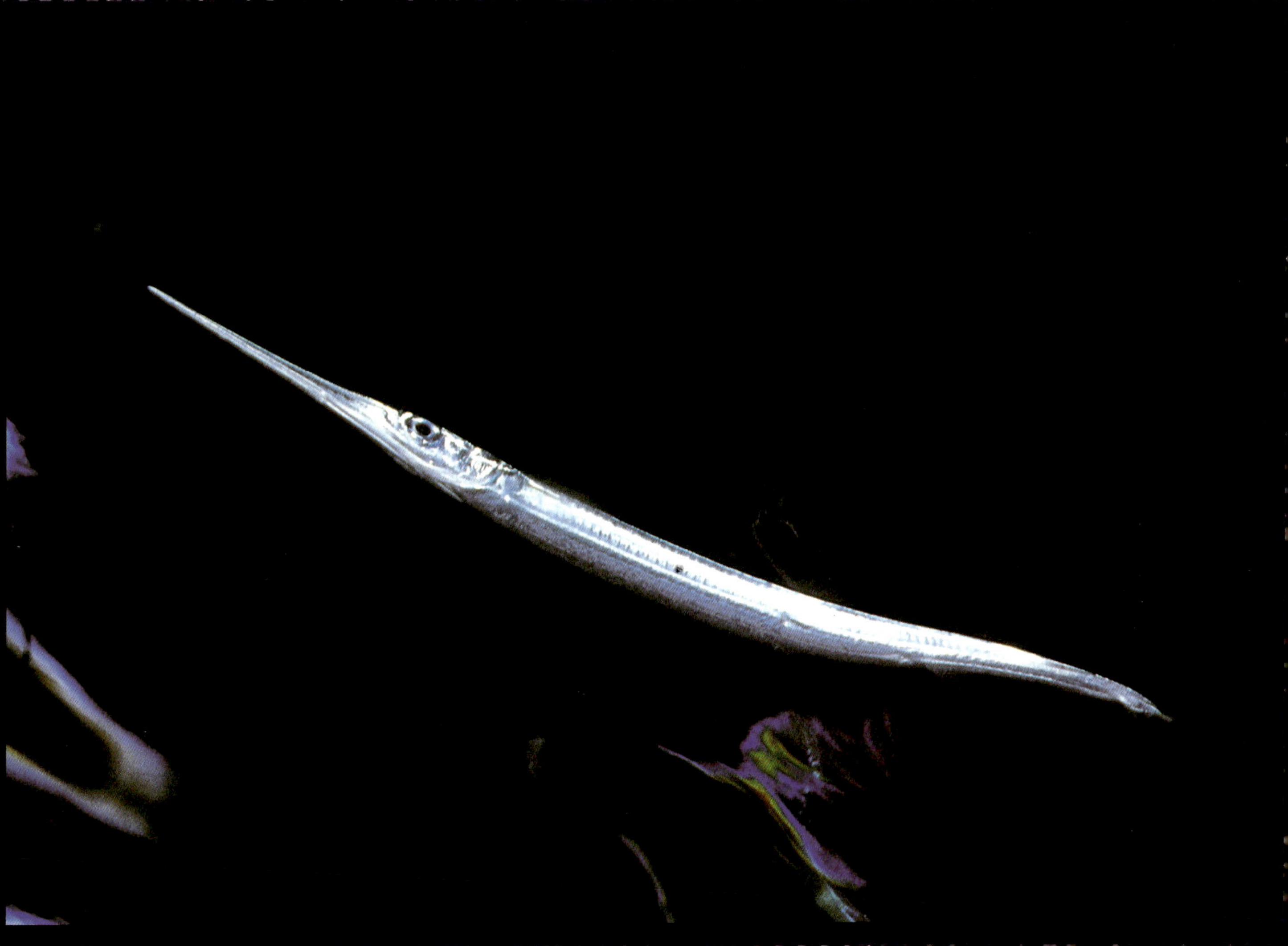

Orange
Orange
Oranje

Jerry Schnabel
"Nature's Palette"

Susan Lee Swygert
Ruby Brittle Star - *Ophioderma rubicundum* / Gaudy Brittle Star - *Ophioderma ensiferum*

Susan Lee Swygert
Orange Cup Coral - *Tubastrea coccinea*

Dos Winkel

Christmas Tree Worm - *Spirobranchus giganteus* / Blade Fire Coral - *Millepora complanata*

Susan Lee Swygert
“Deepwater Fantasy”

Susan Lee Swygert
Red Reef Hermit Crab - *Paguristes cadenati*

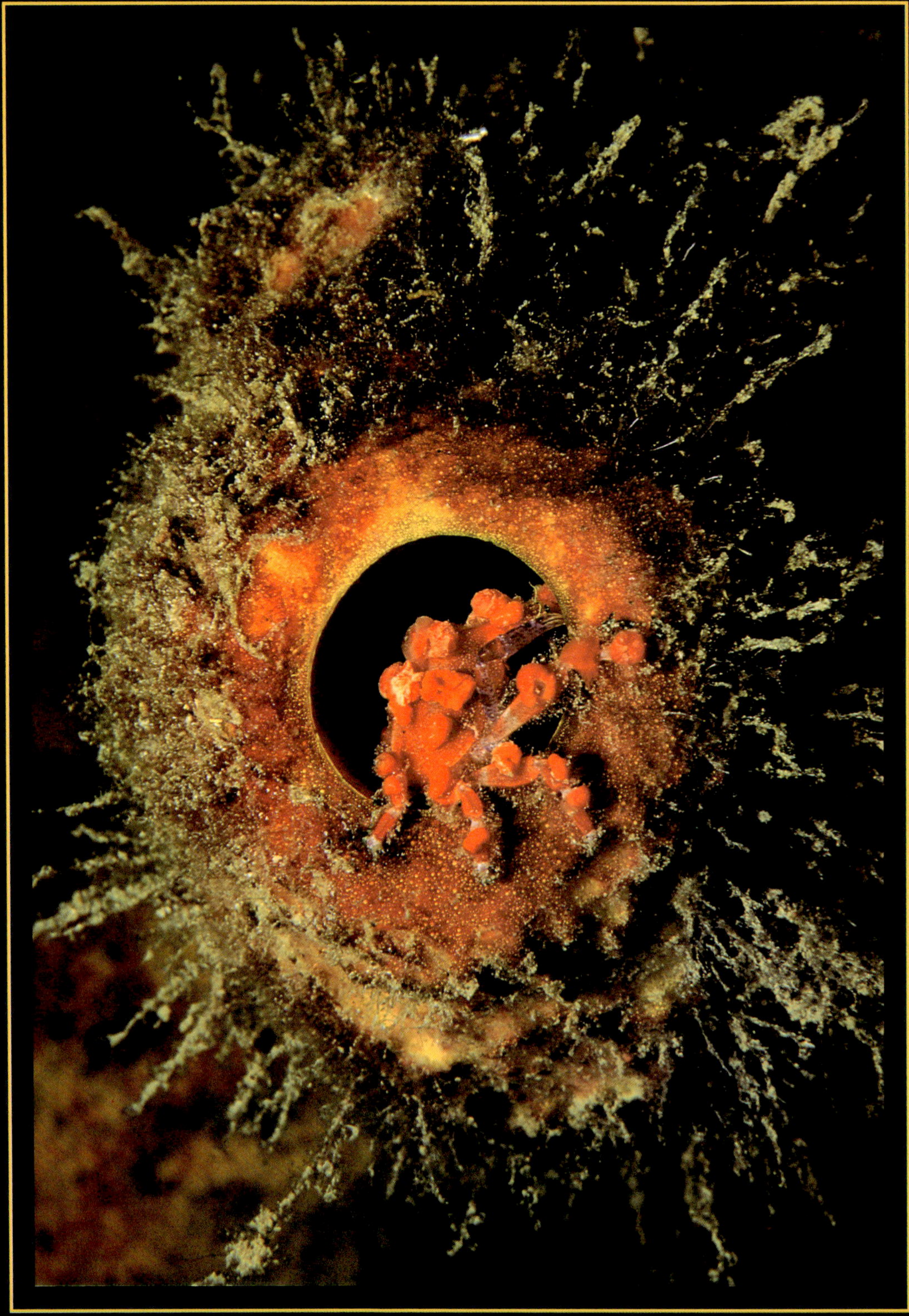

Dos Winkel
Cryptic Teardrop Crab - *Pelia mutica*

Susan Lee Swygert
"Trapunto"

Jerry Schnabel
Banded Butterflyfish - *Chaetodon striatus*

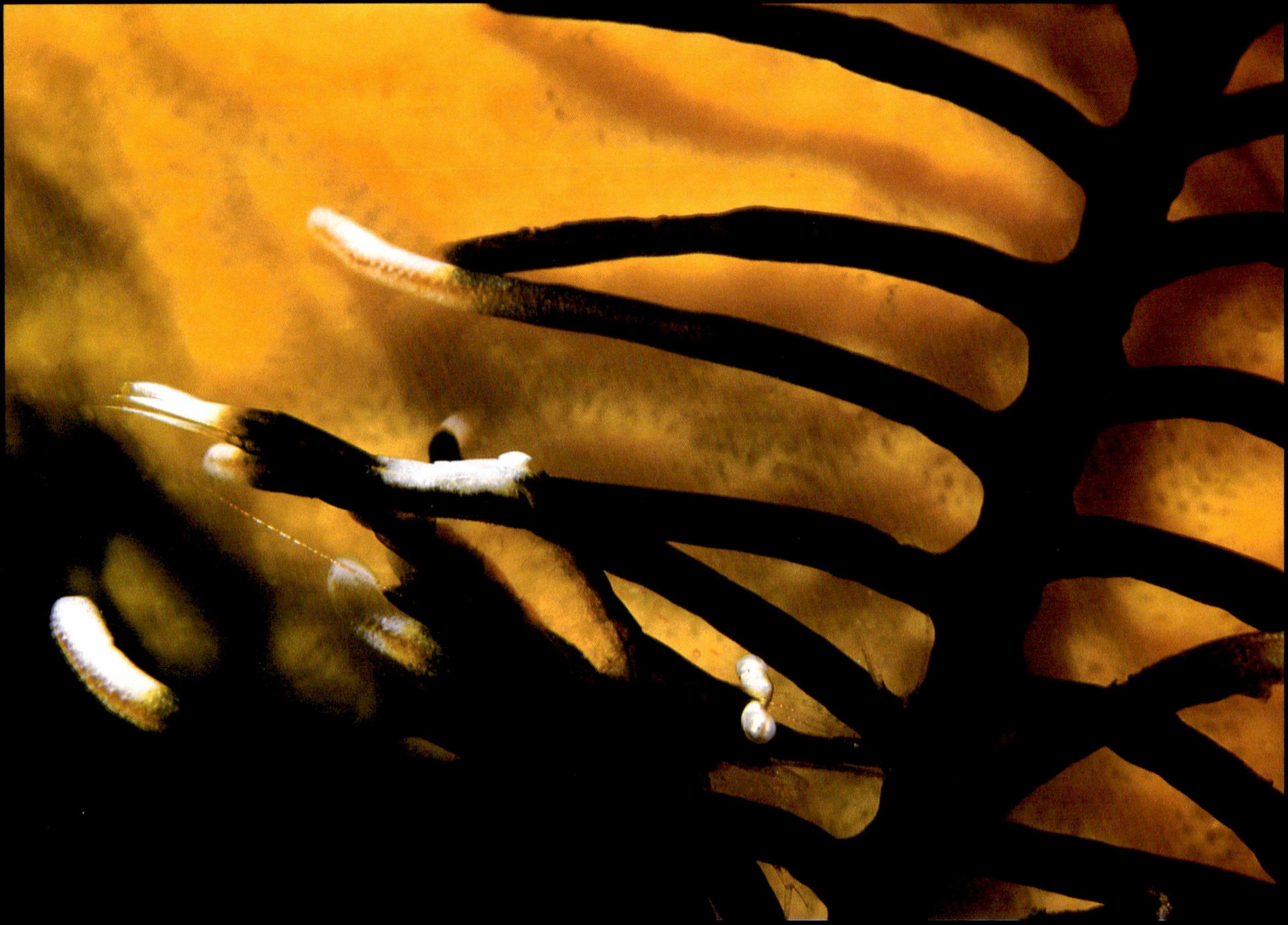

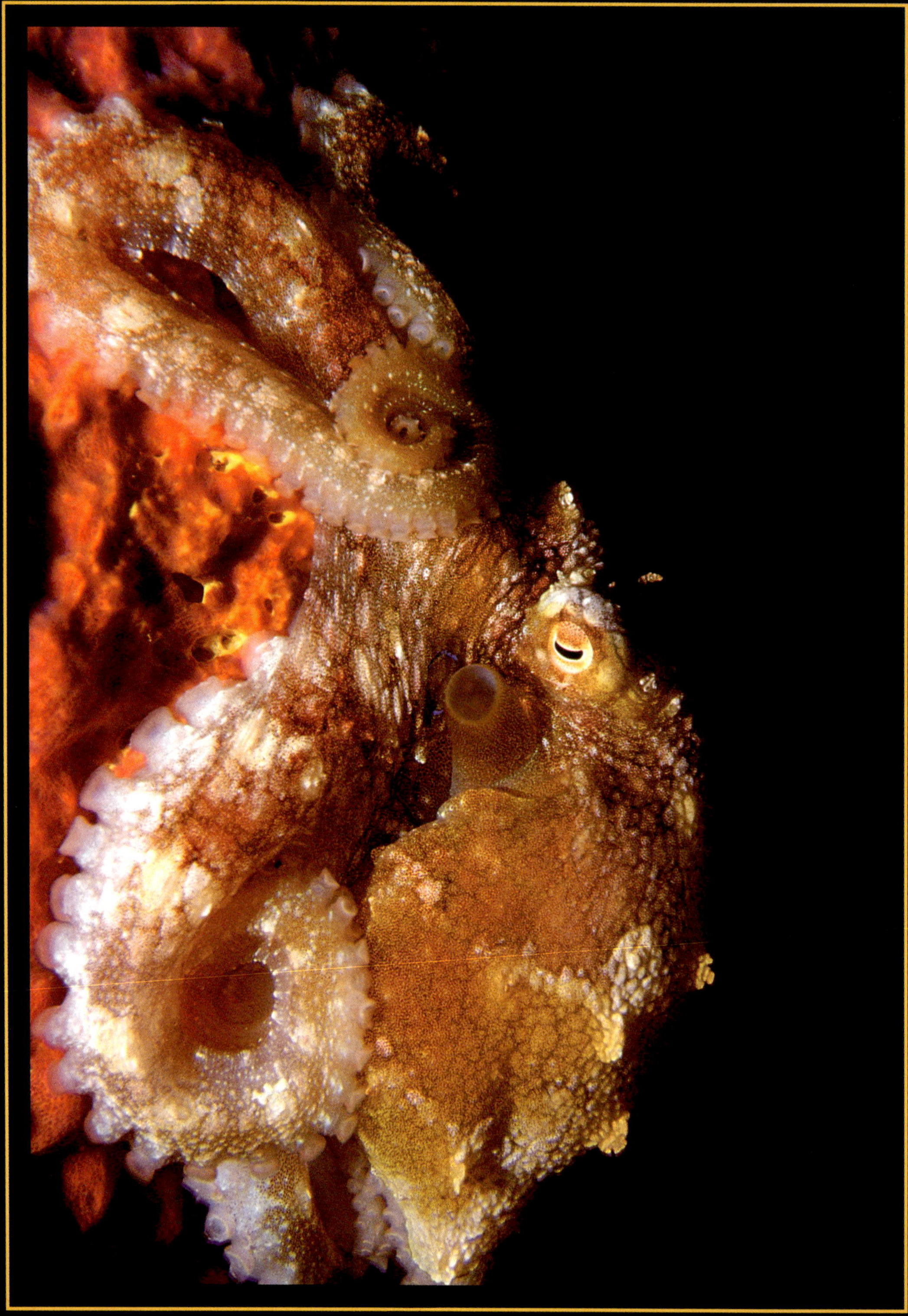

Susan Lee Swygert
Four-eyed Reef Octopus - *Octopus hummelincki*

Blue

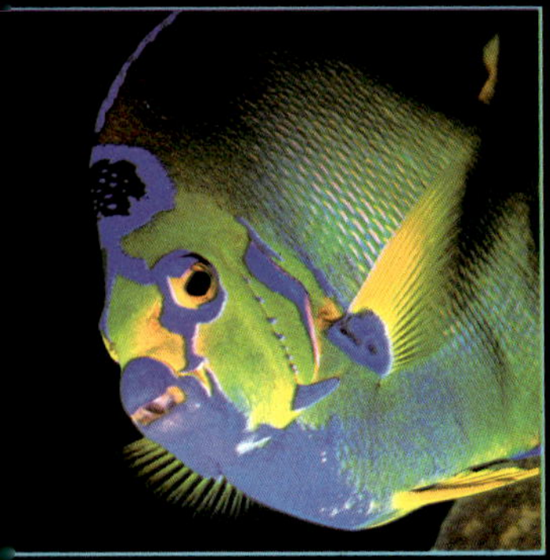

19

Queen Angelfish
Holacanthus ciliaris

Gracefully gliding above the reef, this beauty is the true queen of the Bonaire Marine Park. The electric blend of turquoise, cobalt blue and bright yellow is a breathtaking combination. Note the distinctive "crown" on the forehead. Commonly seen on the reefs that ring Bonaire, it is typically a shy fish and dines on sponges.

Gekroonde Engelvis
Holacanthus ciliaris

Deze sierlijk boven het rif zwevende vis is de koningin van het Bonaire Marine Park. De combinatie van turquoise, kobaltblauw en geel is adembenemend. Opmerkelijk is de "kroon" op de kop. Deze schuwe vis, die zich met sponzen voedt, wordt vaak gezien op de riffen rondom Bonaire.

Diadem-kaiserfisch
Holacanthus ciliaris

Dieser zierliche Fisch, der über dem Riff schwimmt, ist der König des Bonaire Marine Park. Die Farbkombination türkis, kobaltblau und gelb ist atemberaubend. Auffallend ist seine "Krone". Dieser scheue Fisch, der sich von Schwämmen ernährt, bewohnt die Riffe Bonaires.

20

Silky Shark
Carcharhinus falciformis

Sharks are rarely seen in Bonaire's waters. Known as cartilaginous fishes as the skeleton is entirely composed of calcified cartilage, sharks are sleek and beautiful. Efficient swimmers and predators, perfectly evolved to their environment, sharks have developed few additional adaptations in more than 300 million years of existence and possess fine-tuned senses of hearing, vision, and electroreception.

Silky Shark
Carcharhinus falciformis

Haaien zijn zeldzaam in de wateren om Bonaire. We noemen ze kraakbeenvissen, omdat het skelet geheel uit kraakbeen bestaat. Haaien zijn gestroomlijnd, goede zwemmers, perfect aan hun omgeving aangepast en hebben in de meer dan 300 miljoen jaar van hun bestaan maar weinig veranderingen ondergaan. Ze kunnen uitstekend horen, zien en elektrische impulsen signaleren.

Glatthai
Carcharhinus falciformis

Haie sind in den Gewässern Bonaires selten. Wegen ihres knorpeligen Skeletts nennt man sie Knorpelfische. Haie sind stromlinienförmig, gute Schwimmer, ihrer Umgebung perfekt angepaßt und haben sich, seit sie vor mehr als 300 Millionen Jahren entstanden sind, kaum verändert. Sie hören und sehen hervorragend und können elektrische Impulse signalisieren.

21

Pilot Whales
Globicephala
Bottlenosed Dolphins
Tursiops truncatus

A chance encounter with these members of the family Delphinidae is a lifetime high point. Playful dolphins accompany a school of pilot whales, easily recognized by rounded heads and dark coloring. Traveling in schools of twenty to several hundred, pilot whales winter in warm waters and dine on cuttlefish and squid.

Tuimelaars
Tursiops truncatus
Grienden
Globicephala

Een toevallige ontmoeting met deze leden van de familie Delphinidae is een hoogtepunt in ieders leven. Speelse dolfijnen vergezellen een school grienden, gemakkelijk herkenbaar aan de ronde koppen en donkere tekening. Grienden opereren in scholen van twintig tot vele honderden exemplaren, overwinteren in warme wateren en voeden zich met inktvis.

Große Tümmler
Tursiops truncatus
Grindwale
Globicephala

Diesen Tieren aus der Familie Delphinidae zu begegnen, ist ein außergewöhnliches Erlebnis. Spielerische Delphine, die an den runden Köpfen und der dunklen Zeichnung leicht zu erkennen sind, begleiten eine Grindwalschule. Grindwale bilden Schulen, die zwanzig bis zu mehrere hundert Exemplare umfassen; sie überwintern in warmen Gewässern und ernähren sich von Tintenfischen.

22

Deepwater Sea Fan
Iciligorgia schrammi
Black & White Crinoid
Nemaster grandis

An animal that has changed little since ancient times, the crinoid is often described as a "living fossil." The beautiful deepwater sea fan grows away from the wall, strategically stretching across the current. When water movement is strong, the crinoid's feathered arms are widely spread and the octocoral's polyps fully extended for feeding.

Diepwatergorgoon
Iciligorgia schrammi
Zwartwitte Haasster
Nemaster grandis

De haasster heeft in de loop der eeuwen weinig veranderingen ondergaan en wordt vaak omschreven als een "levend fossiel". De diepwatergorgoon groeit van de wand af en dwars op de stroming. Bij een sterke stroming zijn de armen van de crinoid* wijd uitgespreid en de poliepen van de gorgoon helemaal uitgestoken voor het opvangen van voedsel.

Schwarzweißer Federstern Nemaster grandis
Iciligorgia schrammi
Schwarzweisser Federstern
Nemaster grandis

Der Federstern hat sich im Laufe der Jahrhunderte wenig verändert und man nennt ihn oft "lebendes Fossil". Der Iciligorgia schrammi wächst von der Wand weg, quer zur Strömung. Bei starker Strömung breitet der Federstern die Arme weit aus, und die Oktokoralle streckt die Polypen aus, um Nahrung aufzufangen.

Azure Vase Sponge
Callyspongia plicifera
Black & White Crinoid
Nemaster grandis

Sponges add colour to the reef panorama and the iridescent glow of this vase sponge is a beacon on Bonaire's reefs. Sponges are the simplest of all multicellular animals and function by filtering food and oxygen from water that passes through the body. The crinoid perches atop the sponge and feather-like arms entrap food particles.

Blauwe Bekerspons
Callyspongia plicifera
Zwarwitte Haasster
Nemaster grandis

Sponzen voegen kleur toe aan het rifpanorama en de regenboogkleurige gloed van deze bekerspons is een baken op de riffen van Bonaire. Sponzen zijn de minst ontwikkelde meercellige organismen en functioneren door middel van het filteren van voedsel en zuurstof uit het water dat door het lichaam stroomt. De haasster zit bovenop de spons en de armen vangen het voedsel op.

Blauer Becherschwamm
Callyspongia plicifera
Schwarzweißer Federstern
Nemaster grandis

Schwämme sind die Farbtupfer des Riffpanoramas, die Regenbogenfarben dieses Callyspongia sind eine Orientierungshilfe auf den Riffen Bonaires. Schwämme sind die primitivsten mehrzelligen Organismen, sie filtern Nahrung und Saustoff aus dem Wasser heraus, das durch ihren Körper strömt. Der Federstern hockt auf dem Schwamm, seine Arme fangen Nahrung auf.

23

Queen Angelfish
Holacanthus ciliaris
Brown Tube Sponge
Agelas conifera

The gorgeous, tranquil reefs of Bonaire are blessed with sponges that grow in a variety of shapes; the brown tube sponge often resembles moose antlers and will achieve a great size. Dining almost exclusively on small invertebrates such as sponges and coral polyps, the queen angelfish is easily observed daintily nibbling throughout the day.

Gekroonde Engelvis
Holacanthus ciliaris
Bruine Pijpspons
Agelas conifera

De riffen van Bonaire zijn gezegend met sponzen in allerlei gedaanten; de bruine pijpspons lijkt vaak op het gewei van een eland en wordt vrij groot. De gekroonde engelvis voedt zich bijna uitsluitend met kleine ongewervelde dieren zoals sponzen en poliepen. Het dier is de hele dag door aan het knabbelen en gemakkelijk te observeren.

Diadem-Kaiserfisch
Holacanthus ciliaris
Brauner Röhrenschwamm
Agelas conifera

Diverse Formen von Schwämmen schmücken die Riffe Bonaires; der Agelas conifera gleicht dem Geweih eines Elches und wird ziemlich groß. Der Diadem-Kaiserfisch ernährt sich fast ausschließlich von kleinen wirbellosen Tieren, wie Schwämmen und Polypen. Das Tier knabbert den ganzen Tag hindurch, man kann es gut beobachten.

24

Tiger Grouper
Mycteroperca tigris
Stove-pipe Sponge
Aplysina archeri

Groupers can instantly change both their colouring and markings to effectively blend with the reef. Camouflage and concealment are important to both predator and prey. Hidden beneath the purple tubes of the most spectacular sponge found in Bonaire, the tiger grouper waits for passing prey.

Tijgerbaars
Mycteroperca tigris
Buisspons
Aplysina archeri

Zeebaarzen kunnen ineens veranderen van kleur en vorm om niet op te vallen op het rif. Mimicry is belangrijk voor zowel het roofdier als de prooi. Verborgen onder de paarse kokers van de meest spectaculaire spons van Bonaire, loert de tijgerbaars op zijn prooi.

Tigerzackenbarsch
Mycteroperca tigris
Becherschwamm
Aplysina archeri

Zackenbarsche können plötzlich ihre Farbe und Form ändern, um auf dem Riff nicht aufzufallen. Tarnung ist sowohl für das Raubtier, als auch für die Beute wichtig. Hinter den violetten Röhren des spektakulärsten Schwamms Bonaires lauert der Tigerzackenbarsch seiner Beute auf.

25

Creole-fish
Paranthias furcifer
Isopod
Anilocra laticaudata

The ectoparasitic isopod, a crustacean that attaches itself to a host, is commonly associated with the creole-fish in Bonaire. They adhere via claws and pierce the host to feed on blood and fluids. There is a prolonged association, but serious damage only results if the attachment is over the eyes, gills or mouth inhibiting the well-being of the fish.

Creolenbaars
Paranthias furcifer
Vissevlo
Anilocra laticaudata

De vissevlo, een schaaldier dat zichzelf aan een gastheer vasthecht, wordt in Bonaire meestal geassocieerd met de creolenbaars. Hij zet zich vast met klauwen en steekt de gastheer om zich te voeden met bloed en vocht. De verbinding is doorgaans langdurig, maar van serieus letsel is pas sprake, zodra de vasthechting bij de ogen, kieuwen of bek plaatsvindt.

Kreolen-Lippfisch
Paranthias furcifer
Fischfloh
Anilocra laticaudata

Der Fischfloh ist ein Schalentier, das sich auf einem Wirt festsetzt. Er wird auf Bonaire oft in einem Atemzug mit dem Kreolen-Lippfisch genannt. Er krallt sich fest und sticht den Wirt, um sich von seinem Blut und flüssigen Bestandteilen zu ernähren. Die Verbindung ist meistens langfristig, ernsthafte Verletzungen entstehen nur, wenn der Parasit sich bei den Augen, den Kiemen oder dem Maul festsetzt.

26

27

Princess Parrotfish
Scarus taeniopterus

The distinctive "beak" of this family led to the common name of parrotfish. The beak is actually fused teeth that powerfully scrape algae and coral polyps from the substrate. Known as reef grazers, the parrotfish is instrumental in supplying the beautiful white sand that covers so many of the world's beaches.

Prinses Papagaaivis
Scarus taeniopterus

De bijzondere "snavel" van deze familie was aanleiding voor de naam papegaaivis. De snavel is eigenlijk een rij tanden die algen en poliepen van de bodem kunnen schrapen. De ook wel eens rifgrazer genoemde papegaaivis is behulpzaam bij het leveren van het prachtige witte zand, dat zo vele stranden bedekt.

Prinsessin-Papagaifisch
Scarus taeniopterus

Den Namen Papagaifisch bekam diese Gattung aufgrund ihres eigentümlichen "Schnabels". Der Schnabel ist eigentlich eine Zahnreihe, mit der Algen und Polypen vom Boden gegrast werden können. Der Papagaifisch, auch Riffgraser genannt, hilft dabei, den sauberen weißen Sand zu produzieren, der an vielen Stränden der Welt liegt.

28-29

Creole Wrasse
Clepticus parrae

Schools of creole wrasse seem like endless ribbons streaming along the reef in the late afternoon. Their dark blue to violet colouring protectively blends into the blue water column while the fish feed on plankton above the reef. Adults have a dark spot on the forehead, and very mature fish will develop yellow and bright purple markings to the rear.

Creolen Lipvis
Clepticus parrae

Scholen van creolen lipvis lijken op eindeloze linten die in de late namiddag langs het rif slingeren. De donkerblauwe tot paarse kleur versmelt met de blauwe waterzuil, terwijl de vissen zich boven het rif met plankton voeden. De volwassen dieren hebben een donkere vlek op hun kop en heel oude exemplaren krijgen van achteren gele en paarse vlekken.

Lippfisch
Clepticus parrae

Lippfischschulen ähneln endlosen Bändern, die am späten Nachmittag am Riff entlangflattern. Die dunkelblaue bis violette Farbe verschmilzt mit der blauen Wassersäule, während die Fische über dem Riff Plankton fressen. Die ausgewachsenen Tiere haben einen dunklen Fleck auf dem Kopf, sehr alte Exemplare bekommen am Hinterleib gelbe und violette Flecke.

30

"Watercolours"

The vibrant colours that decorate so much marine life are nowhere more apparent than beneath this fantastic coral head. Some invertebrate species, such as the encrusting sponges and orange cup coral, prefer shady, rather than sunny, areas. Life beneath the coral head is also safer; small fairy basslets are found in this habitat, often swimming upside down near the "ceiling."

"Watercolours"

De bonte kleuren van de onderwaterwereld zijn nergens opvallender dan bij deze fantastische koraalbanken. Sommige ongewervelde diersoorten, zoals sponzen en roosjeskoraal, verkiezen donkere in plaats van zonnige plekjes. Het leven op de koraalbank is ook veiliger; in deze habitat treffen we de koningsgramma aan, dikwijls ondersteboven zwemmend net onder het "plafond".

"Watercolours"

Die Farben der Unterwasserwelt sind nirgendwo so intensiv wie auf diesen phantastischen Korallenbänken. Einige wirbellose Tierarten, wie bestimmte Schwämme und Korallen, ziehen dunkle Stellen vor. Die Korallenbank gewährt den Lebewesen größeren Schutz; in diesem Lebensraum treffen wir Königs-Feenbarsche an, die - oft auf dem Kopf - nahezu unter der "Decke" schwimmen.

31

Salt Pier

Piers are artificial reefs beneath the sea. Each piling functions as a separate ecosystem; the reef begins at the waterline and covers the entire structure. Foundation species like corals and sponges compete for the limited surface area and, when mature, provide food and shelter to a wide variety of invertebrates and fish.

Zoutpier

Pieren zijn kunstmatige riffen. Elk paal is een ecosysteem op zich; het rif begint bij de waterlijn en bestrijkt het complete bouwsel. Koralen en sponzen verdringen zich op de beperkte ruimte en verschaffen, zodra ze volgroeid zijn, voedsel en beschutting aan diverse ongewervelde dieren en vissen.

Salt Pier

Molen sind künstliche Riffe. Jeder Pfahl ist ein kleines Ökosystem; das Riff beginnt an der Wasserlinie und bedeckt das gesamte Bauwerk. Korallen und Schwämme drängeln sich auf kleinstem Raum. Wenn sie ausgewachsen sind, sind sie Nahrung und Unterschlupf für diverse wirbellose Tiere und Fische.

Banded Butterflyfish
Chaetodon striatus

Flitting along the reef in pairs, these dainty butterflyfish have distinctive vertical stripes. The alternating light and dark bands enable the fish to effectively blend with the branches of gorgonians. Confused predators are unable to distinguish the front of the fish from the rear by the single stripe across the eye.

Gestreepte Koraalvlinder
Chaetodon striatus

De tengere koraalvlinders zwemmen in paren door de riffen. Ze hebben karakteristieke verticale strepen. Door de lichte en donkere strepen valt de vis niet op tussen de takken van gorgonen. Verwarde roofvissen kunnen de voorkant van het dier niet van diens achterkant onderscheiden, vanwege de enkele streep over het oog.

Gestreifter Falterfisch
Chaetodon striatus

Die zierlichen Falterfische schwimmen paarweise durch die Riffe. Sie haben charakteristische vertikale Streifen. Der Fisch mit den hellen und dunklen Streifen fällt zwischen den Ästen der Gorgonien nicht auf. Die Streifen über dem Auge verwirren Raubfische, die die Vorder- und Hinterseite des Tieres nicht voneinander unterscheiden können.

32

Banded Butterflyfish
Chaetodon striatus

The pair bond between butterflyfish is unusual in the fish community. It is believed that early male-female pair bonding helps these tiny fish spend valuable time and energy on finding food, rather than searching for a mate. The small snout of the butterflyfish is ideal for grasping featherduster or Christmas-tree worms, as well as coral polyps, before they retract.

Gestreepte Koraalvlinder
Chaetodon striatus

Het optreden in paren, zoals bij de koraalvlinder, is ongebruikelijk in de vissengemeenschap. Door vroege paarvorming (mannetjes en wijfjes) kunnen deze visjes meer kostbare tijd en energie besteden aan het jagen op voedsel in plaats van op een partner. De kleine snuit van de koraalvlinder is ideaal voor het grijpen van verschillende waaierwormen en poliepen, voordat deze zich intrekken.

Gestreifter Falterfisch
Chaetodon striatus

Paarweises Auftreten, wie beim Falterfisch, kommt in der Fischgesellschaft selten vor. Da sie schon früh Paare bilden (Männchen und Weibchen), können sie die kostbare Zeit und Energie, die sie für die Partnersuche nötig hätten, für die Nahrungsuche verwenden. Das kleine Maul des Falterfischs ist ideal zum Verzehr von Anamobaea oder Spiralröhrenwürmern, oder Polypen, bevor diese sich zurückziehen.

33

Trumpetfish
Aulostomus maculatus
Sea Plumes
Pseudopterogorgia, sp.

It is not unusual to notice a trumpetfish hovering vertically amid the branches of many species of soft corals. The long, slender body and colour pattern blend so effectively that not only is the fish patiently waiting for prey to pass below, but is relatively safe from being preyed upon. Like a trumpet, the jaw flares as it sucks in fish.

Trompetvis
Aulostomus maculatus
Geveerd Hoornkoraal
Pseudopterogorgia, sp.

Het is vrij normaal om een trompetvis verticaal zwemmend te midden van de takken van zachte koralen aan te treffen. Het langgerekte lijf en het kleurenpatroon zijn een effectieve camouflage. Het dier valt niet of nauwelijks op, wanneer het geduldig op een prooi loert of zich moet verbergen voor andere "rovers". De kaak opent zich als een trompet, wanneer een vis wordt verorberd.

Atlantik-Trompetenfisch
Aulostomus maculatus
Hornkoralle
Pseudopterogorgia, sp.

Ein Trompetenfisch, der senkrecht zwischen den Zweigen einer Weichkoralle schwimmt, ist kein ungewöhnlicher Anblick. Der lange Körper und das Farbmuster sind effektive Tarnung. Das Tier fällt nicht oder kaum auf, wenn es auf Beute lauert, oder sich zwischen anderen "Räubern"verstecken muß. Wenn ein Fisch verschlungen wird, öffnet sich der Kiefer wie eine Trompete.

34

Bigeye Scads
Selar crumenophthalmus

Especially as juveniles, these fish form large schools above the reef or sheltering beneath a pier. Schooling behavior provides safety in numbers; it is difficult for a predator to choose a single fish to strike. The more fish in the school, the greater the number of individuals watching for danger and able to give warning.

Grootoog Horsmakrelen
Selar crumenophthalmus

Met name jonge exemplaren vormen grote scholen boven de riffen of zij verbergen zich onder een pier. Scholen bieden een zekere veiligheid, want een roofvis heeft moeite met het uitkiezen van één enkel slachtoffer uit de groep. Hoe meer vissen in de school, des te groter is het aantal dieren dat op gevaren let en de andere kan waarschuwen.

Großaugen-Heringsmakrele
Selar crumenophthalmus

Insbesondere junge Exemplare bilden große Schwärme, die über den Riffen oder unter einer schützenden Mole schwimmen. Im Schwarm sind einzelne Fische geschützt, da Raubfische durch die Menge verwirrt werden. In größeren Schwärmen können mehr Fische Gefahren wittern und ihre Artgenossen warnen.

35

36

Bigeye Scads
Selar crumenophthalmus

A dense silver curtain swirls above the reef as the small fish ring the diver. The individuals have an uncanny ability to communicate with each other, and the synchronized movements of the school result in an underwater ballet. In only an instant, evasive action can be undertaken at the threat of predation.

Grootoog Horsmakrelen
Selar crumenophthalmus

Deze visjes, die de duiker omringen, wervelen als een zilveren gordijn boven het rif. Ze kunnen fantastisch met elkaar communiceren en de gesynchroniseerde bewegingen van de school zijn een fraai waterballet. Bij dreigend gevaar kan de school zich ogenblikkelijk uit de voeten maken.

Großaugen-Heringsmakrele
Selar crumenophthalmus

Diese Fischchen, die den Taucher umringen, wirbeln wie eine silberne Gardine über das Riff. Sie können hervorragend miteinander kommunizieren, die synchronisierten Bewegungen des Schwarms sind ein ästhetisches Wasserballett. Wenn Gefahr droht, kann der Schwarm unverzüglich flüchten.

37

Crevalle Jacks
Caranx hippos

Most often solitary in the open ocean, these fish will form schools for hunting efficiency on the reef. A favorite food is the bigeye scad; an attack group of jacks will soar in from the blue water, rapidly disperse the scads, and prey upon any isolated fish.

Horsmakrelen
Caranx hippos

Deze in de open zee meestal solitaire vis vormt scholen om doelmatig te kunnen jagen. Een geliefde lekkernij is de grootoog horsmakreel; een groep aanvallende makrelen duikt pijlsnel vanuit het blauwe water op, drijft de horsmakrelen uiteen en zoekt vervolgens doelgericht een prooi uit.

Pferdemakrele
Caranx hippos

Dieser auf hoher See meist solitäre Fisch bildet Schulen, um gezielt jagen zu können. Ein Leckerbissen ist die Großaugen-Heringsmakrele, eine angreifende Gruppe Pferdemakrelen taucht blitzschnell aus dem Wasser auf, treibt die Heringsmakrelen auseinander, und wählt dann zielstrebig ein Opfer aus.

38

Yellowfin Mojarra
Gerres cinereus

Shallow, sandy zones before the reef's crest are home to a variety of fish that actually live in the sand or glide swiftly above it. The yellowfin mojarra's neutral silver scales match this environment as it hovers above the bottom and digs for shellfish and crustaceans.

Geelvin Mojarra
Gerres cinereus

Ondiepe, zandige zones voor de top van het rif herbergen verscheidene vissoorten, die feitelijk in het zand leven of er vlak boven. De zilverkleurige schubben van de geelvin mojarra, die naar schelp- en schaaldieren zoekt, passen uitstekend bij zijn omgeving.

Gelbflossen-Silberling
Gerres cinereus

In den seichten, sandigen Zonen vor dem Kamm des Riffs leben verschiedene Fischarten, die im Sand oder etwas oberhalb des Sandes leben. Die silbernen Schuppen des Gelbflossen-Silberlings, der Muscheln und Schalentiere sucht, passen sich der Umgebung hervorragend an.

39

Common Snook
Centropomus undecimalis

Dancing sunlight reflects off their silvery scales as small schools of snook slowly cruise the sandy zones just offshore. Another preferred habitat is the shady seclusion of the mangroves. These fish are large and can reach a maximum length of 4 1/2 feet.

Zeesnoek
Centropomus undecimalis

Zonlicht weerkaatst van hun zilverachtige schubben, als kleine scholen zeesnoek langzaam de zandige stroken doorkruisen direct voor de kust. Een eveneens geliefde habitat is de donkere verlatenheid van de mangroven. Deze grote vis kan ongeveer 1.30 m lang worden.

Glasbarsch
Centropomus undecimalis

Die silbrigen Schuppen der kleinen Glasbarschschwärme reflektieren das Sonnenlicht, wenn sie die sandigen Streifen direkt vor der Küste gemächlich überqueren. Ein beliebter Lebensraum sind auch die dunklen, verlassenen Mangroven. Dieser große Fisch kann etwa 1.30 m lang werden.

Smooth Flower Coral
Eusmilia fastigiata

Hard corals form the basis of any tropical coral reef system. By banding together in colonies, these tiny animals produce calcium carbonate skeletons in a beautiful array of shapes and sizes. At night, the delicate polyp extends its tentacles to grasp food particles from the water.

Glad Bloemkoraal
Eusmilia fastigiata

Harde koralen vormen de basis van elk tropisch koraalrif. Gegroepeerd in kolonies produceren deze diertjes kalkskeletten in allerlei maten en soorten. 's Nachts steekt de poliep zijn tentakels uit om voedsel uit het water op te nemen.

Glatte Blumenkoralle
Eusmilia fastigiata

Steinkorallen sind die Basis jedes tropischen Korallenriffs. In Kolonien gruppiert, produzieren diese Tiere Kalkskelette in vielerlei Größen und Arten. Nachts streckt der Polyp seine Tentakel aus, um Nahrung aus dem Wasser zu filtern.

4

Lettuce Sea Slug
Tridachia crispata

Slowly creeping along the seabed in shallow, rubble zones, the lettuce sea slug feeds on algae. Its beautiful sea-green and turquoise ruffles disguise it well amongst the algae. The mollusk's skin absorbs oxygen from the water, and the beautiful ruffles of this particular species efficiently increase the animal's surface absorption area.

Sla-naaktslak
Tridachia crispata

De sla-naaktslak, die langzaam over de zeebodem kruipt, voedt zich met algen. De zeegroene en turquoise waaiers maken het dier onherkenbaar tussen de algen. De huid van het weekdier neemt zuurstof op uit het water en de waaiers van deze soort vergroten het absorberend vermogen van het dier.

Salatnacktschnecke
Tridachia crispata

Die Meeresnacktschnecke, die langsam über den Meeresboden kriecht, ernährt sich von Algen. Das Tier ist wegen seiner meergrünen und türkisen 'Rüschen' zwischen den Algen fast unsichtbar. Die Haut des Weichtieres nimmt Sauerstoff aus dem Wasser auf, die Hautlappen dieser Tierart vergrößern die Absorption.

4

Carl's Hill

Bonaire's typical reef formation is a shallow plateau from the shore to the reef's crest at a depth of about 35 feet, with a gently sloping wall continuing to the seabed. However, Bonaire has a wide range of underwater topography and Carl's Hill is a fine example of a steep vertical mini-wall. Nooks and crannies shelter invertebrates and colourful corals and sponges decorate the wall.

Carl's Hill

De rifformatie van Bonaire is een ondiep plateau vanaf de kust tot aan de top van het rif, op een diepte van circa 10 m, met een hellende wand tot op de zeebodem. Bonaire biedt een veelzijdige onderwaterwereld en Carl's Hill is een prachtige kleine verticale wand. Hoeken en gaten bieden onderdak aan ongewervelde dieren en de wand wordt opgesierd met bonte koralen en sponzen.

Carl's Hill

Das Riff Bonaires ist ein flaches Plateau in circa 10 m Tiefe, das von der Küste bis an den Kamm des Riffs reicht, mit einer zum Meeresboden sanft abfallenden Wand. Die Unterwasserwelt Bonaires ist vielgesichtig, und Carl's Hill ist eine großartige kleine senkrechte Wand. Ecken und Nischen gewähren wirbellosen Tieren Unterschlupf, bunte Korallen und Schwämme schmücken die Wand.

4

Salt Pier

Another example of Bonaire's range in interesting reef topography is an artificial reef like the Salt Pier. The dramatic vista formed by the soaring pilings and the great visibility is awesome. Commercial piers are exciting dive sites, however, due caution must be exercised and never snorkel or dive when a ship is in port.

Zoutpier

Eveneens een voorbeeld van de verscheidenheid aan riffen op Bonaire is een kunstmatig rif zoals de zoutpier. De palen en het uitstekende zicht zorgen voor een prachtig schouwspel. Pieren zijn ideale duiklocaties, maar wees voorzichtig! Ga nooit snorkelen of duiken, als er een schip in de haven ligt.

Salt Pier

Salt Pier, ein künstliches Riff, ist ein Beispiel für die Vielfalt der Riffe Bonaires. Die Sicht zwischen den Pfählen ist hervorragend, man erlebt ein imposantes Schauspiel. Molen sind ideale Tauchgründe, seien Sie jedoch vorsichtig! Niemals schnorcheln oder tauchen, wenn ein Schiff im Hafen liegt.

4

44

Rappel

The rugged northern coast of Bonaire is distinguished by sheer cliffs as high as 60 feet above the sea. Unique reefs found at these dive sites begin at the waterline and follow the cliff's underwater contour to the shallow plateau. Note the sea fans on the wall enjoying the water's movement. Curious divers originally had to rappel down the cliff; luckily, today's divers can visit by boat.

Rappel

De noordkust van Bonaire heeft steile rotswanden die soms wel 20 m boven de zee uitsteken. De riffen op deze duiklocaties beginnen op de waterlijn en volgen de rotswand onder water tot aan het ondiepe plateau. Let eens op de waaierkoralen, die genieten van de beweging van het water. Nieuwsgierige duikers moesten vroeger met touwen langs de rotsen naar beneden; gelukkig kunnen ze er tegenwoordig per boot komen.

Rappel

Die Nordküste Bonaires besteht aus steilen Klippen, die etwa 20 m aus dem Meer herausragen. Die Riffe dieses Tauchgrundes beginnen bei der Strandlinie, führen an den unter Wasser gelegenen Klippen entlang, bis an das flache Plateau. Achten Sie auf die Gorgonien, die von der Wasserbewegung genießen. Neugierige Taucher mußten sich früher von den Klippen abseilen; heutzutage können sie den Tauchgrund einfacher, nämlich mit dem Boot, erreichen.

45

"In the light of day..."

Over twenty-five years ago, Captain Don Stewart, a diving pioneer, instituted a boat mooring system that saves the fragile reef from anchor damage; spear fishing was also banned. Recognizing Bonaire's greatest natural resource, the Bonaire Marine Park was officially opened in 1979.

"In the light of day..."

Zo'n 25 jaar geleden zorgde kapitein Don Stewart, een duikpionier, voor meerplaatsen die het kwetsbare rif voor ankerschade behoeden; ook het speervissen werd verboden. Het Bonaire Marine Park werd in 1979 officieel geopend als erkenning van het belangrijkste natuurschoon van het eiland.

"In the light of day..."

Vor etwa 25 Jahren ließ der Tauchpionier Kapitän Don Stewart Anlegeplätze anlegen, die das Riff vor Ankerschaden schützen; die Unterwasserjagd wurde verboten. Der Bonaire Marine Park, der die bedeutendste Naturschönheit der Insel schützt, wurde 1979 offiziell eröffnet.

46

Whale Shark
Rhincodon typus

The massive whale shark, the largest fish in the ocean, has a blue-grey body patterned with white spots resembling dappled sunlight. Normally living at great depths, they sometimes cruise just beneath the surface to feed when the conditions are right. A mouth as wide as 6 feet engulfs enormous amounts of plankton, pelagic crustaceans, and schooling bait fish.

Walvishaai
Rhincodon typus

De reusachtige walvishaai, de grootste vis in de zee, heeft een blauwgrijs lichaam met witte vlekken. Hij vertoeft in de regel op grote diepten, maar zwemt soms vlak onder het wateroppervlak om voedsel tot zich te nemen. De maar liefst 1.80 m brede bek verzwelgt enorme hoeveelheden plankton, schaaldieren en visjes.

Walhai
Rhincodon typus

Der riesige Walhai, der größte Fisch des Ozeans, hat einen blaugrauen, weißgefleckten Körper. Er hält sich meistens in großer Tiefe auf, schwimmt zur Nahrungsaufnahme jedoch manchmal direkt unter der Wasseroberfläche. Das nicht weniger als 1.80 m breite Maul verschlingt enorme Mengen Plankton, Schalentiere und kleine Fische.

47

"Whale Shark Farewell"

An encounter with this gentle giant is extremely rare. A true shark, they are likened to whales due to their size and their behavior of feeding exclusively on plankton and small marine animals. A young shark is 15-20 feet in length, while a mature adult can reach an incredible length of over 50 feet with a tail taller than 8 feet.

"Whale Shark Farewell"

Een ontmoeting met deze vriendelijke reus is uiterst zeldzaam. Het is een echte haai, die met een walvis wordt vergeleken vanwege zijn omvang en de gewoonte om zich uitsluitend met plankton en kleine zeedieren te voeden. Een jonge haai is 4 tot 6 m lang en een volwassen dier soms wel 15 m, met een meer dan 2 m lange staart.

"Whale Shark Farewell"

Diesem freundlichen Riesen begegnet man sehr selten. Es ist ein Hai, der jedoch wegen seiner Größe und der Gewohnheit, sich ausschließlich von Plankton und kleinen Seetieren zu ernähren, mit einem Wal verglichen wird. Ein junger Hai ist 4 bis 6 m lang, ein erwachsenes Tier bis zu 15 m, mit einem mehr als 2 m langen Schwanz.

Yellow

Yellowline Goby
Gobiosoma oceanops

This species of goby spends its life functioning as a cleaner fish. It lives in the safety of a tube sponge or coral niche, and ventures bravely forth to remove parasites and organic debris from many types of reef fish. The role of the cleaner fish and the "cleaning station" is an important symbiotic relationship between fishes.

Blauwe Poetsgrondel
Gobiosoma oceanops

Deze grondel fungeert als poetsvis. Hij leeft in de geborgenheid van een buisspons of nis in het koraal en verwijdert dapper parasieten en organisch afval bij diverse soorten rifvissen. De poetsvis en het schoonmaakstation onderhouden een belangrijke symbiotische relatie.

Neongrundel
Gobiosoma oceanops

Diese Grundel ist ein Putzerfisch. Sie lebt in der Geborgenheit eines Schwamms oder einer Korallennische, und entfernt bei diversen Riff-Fischen unermüdlich Parasiten und organischen Abfall. Putzerfisch und Kunde unterhalten eine wichtige symbiotische Beziehung.

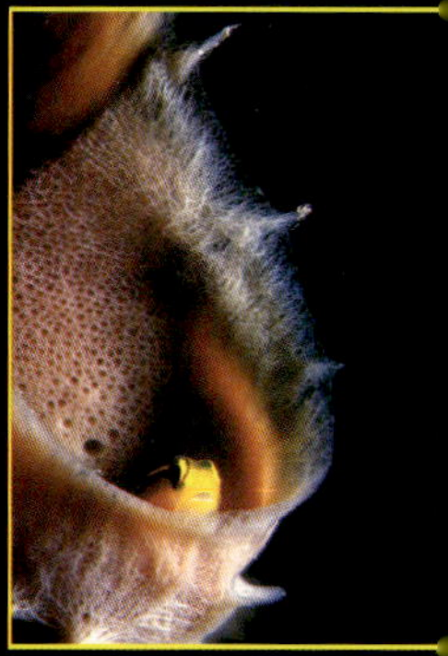

49

Rock Beauty
Holacanthus tricolor

Tropical reef fish are distinguished by bright colouring and interesting shapes. A bold yellow face and tail frame the black body of the rock beauty. This territorial fish is a member of the angelfish family, yet is very shy and when nervous, will hide beneath its chosen coral head.

Hertogsvis
Holacanthus tricolor

Tropische vissen hebben bonte kleuren en interessante vormen. Een opvallende gele voorkant en staart omlijsten het zwarte lijf van de hertogsvis. Deze territoriumvis is een lid van de engelvisfamilie. Hij is nochtans zeer schuw en verstopt zich, zodra hij nerveus wordt, achter zijn uitverkoren koraalbank.

Felsenschönheit
Holacanthus tricolor

Die bunten tropischen Fische haben oft interessante Formen. Kopf und Schwanz der Felsenschönheit, die auffällig gelb sind, kontrastieren mit dem schwarzen Körper. Dieser Revierfisch gehört zur Engelfisch-Familie. Er ist dennoch sehr scheu und versteckt sich, wenn er unruhig wird, hinter "seiner" Korallenbank.

50

French Angelfish
Pomacanthus paru

French angelfish are among the most beautiful and trusting of fish found on Bonaire's reefs. They glide gracefully along the shallow reefs, either singly or in pairs, feeding on sponges, algae, and coral polyps. They are distinctive in both shape and large body size, and are easy to identify with a jet black body and shimmering gold scales.

Franse Keizersvis
Pomacanthus paru

Franse keizersvissen behoren tot de allermooiste en vriendelijkste vissen in de wateren van Bonaire. Ze glijden, al dan niet in paren, sierlijk langs de ondiepe riffen en voeden zich met sponzen, algen en poliepen. Ze vallen op door hun vorm en grote lichaam en zijn gemakkelijk te herkennen aan hun gitzwarte kleur en glinsterende goudkleurige schubben.

Franzosen-Kaiserfisch
Pomacanthus paru

Franzosen-Kaiserfische gehören zu den schönsten und freundlichsten Fischen der Gewässer Bonaires. Elegant gleiten sie einzeln oder paarweise durch die Riffe. Sie ernähren sich von Schwämmen, Algen und Polypen. Ihre Form und ihr großer Körper sind auffallend, außerdem sind sie an ihrer pechschwarzen Farbe, sowie den schimmernden, goldenen Schuppen leicht zu erkennen.

5

Longsnout Seahorse
Hippocampus reidi

There is no other sea creature that has inspired such myth and magic as the seahorse. The dainty seahorse has bony ridges that protectively ring its body, and changes colour to match its chosen habitat. Soft corals provide perches and safety. Note the male's soft belly - he broods the young in his pouch and gives birth after several weeks.

Langsnuitzeepaardje
Hippocampus reidi

Geen enkel ander zeedier is een betere inspiratiebron geweest voor mythen en tovenarij dan het zeepaardje. Het fijn gebouwde diertje heeft een lichaam met benige ribbels en verandert van kleur om niet op te vallen in zijn habitat. Zachte koralen bieden een "ankerplaats" en veiligheid. opmerkelijk is de zachte buik van het mannetje - hij broedt de eieren uit in zijn broedbuidel en brengt na een aantal weken de jongen ter wereld.

Langschwänziges Seepferdchen
Hippocampus reidi

Das Seepferdchen hat wie kein anderes Meerestier Mythen und Zauber inspiriert. Der Körper des zarten Tieres wird durch knochige Ringe geschützt. Es verfärbt sich, um sich der Umgebung anzupassen. Weichkorallen sind "Ankerplätze" und bieten Sicherheit. Ungewöhnlich ist der weiche Bauch des Männchens - nachdem es die Eier einige Wochen in seinem Brutbeutel ausgebrütet hat, bringt es die Jungen zur Welt.

5

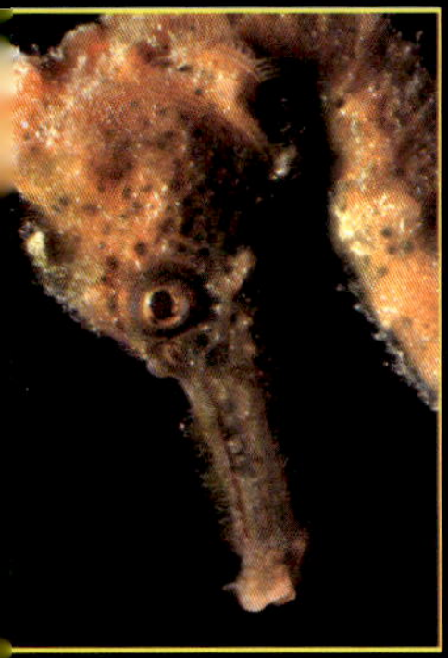

53

Longsnout Seahorse
Hippocampus reidi

As large as six inches, these well-disguised fish are difficult to find on the reef. Tiny spots decorate the head and body, and the slender tubular mouth sucks up brine shrimp, fish larvae and minute crustaceans. The seahorse's translucent dorsal fin beats up to sixty times per SECOND, yet this small fish moves very slowly from perch to perch in its chosen habitat.

Langsnuitzeepaardje
Hippocampus reidi

Deze circa 15 cm lange, uitstekend gecamoufleerde vis is moeilijk te vinden op de riffen. Kop en lijf zijn bedekt met vlekjes en de smalle buisvormige bek zuigt garnalen, vislarven en minuscule schaaldieren naar binnen. De doorschijnende rugvin van het zeepaardje gaat zo'n zestig maal per SECONDE op en neer. Desondanks beweegt dit visje zich heel traag voort.

Langschwänziges Seepferdchen
Hippocampus reidi

Dieser circa 15 cm lange, gut getarnte Fisch ist auf den Riffen schwer zu sehen. Kopf und Körper sind mit kleinen Flekken bedeckt, mit dem schmalen, röhrenförmigen Maul saugt es Garnelen, Fischlarven und winzige Schalentiere ein. Die durchsichtige Rückenflosse des Seepferdchens bewegt sich circa sechzig Mal pro SEKUNDE. Trotzdem bewegt sich dieses Fischchen nur langsam fort.

54

Scrawled Cowfish
Lactophrys quadricornis

Many fish have strange and interesting shapes. The boxfish family actually sports body armor - a triangular, bony box protects the fish's vital organs. Although the endoskeleton makes it difficult to swim efficiently, nature compensates by making this fish an unpleasant mouthful for a predator.

Schrift Koffervis
Lactophrys quadricornis

Diverse vissoorten hebben een vreemdsoortige vorm. De koffervis-familie draagt feitelijk een harnas - een driehoekig benig omhulsel beschermt de vitale organen. Dit skelet belemmert het zwemmen, maar de natuur compenseert dit door de vis tot een onhandelbare prooi voor roofvissen te maken.

Horn-Kofferfisch
Lactophrys quadricornis

Viele Fischarten haben merkwürdige Formen. Die Kofferfischfamilie trägt eine Art Harnisch - eine dreieckige, knochige Hülle schützt die lebenswichtigen Organe. Mit diesem Skelett kann er nicht gut schwimmen, doch die Natur macht dies wett. Der Fisch ist für Raubfische eine lästige Beute.

55

Bluestriped Grunt
Haemulon sciurus

Throughout the day, bluestriped grunts are commonly seen in small schools hovering beneath shaded coral heads. The fish are actually in a resting phase. Avid nocturnal hunters, they cruise the shallow sand flats for crustaceans, and produce a highly audible "grunt" when grinding their teeth.

Blauwstreep Grommer
Haemulon sciurus

Overdag vertonen blauwstreep grommers zich meestal in kleine scholen op de schaduwrijke koraalbanken. Ze zijn dan aan het uitrusten. Ze gaan 's nachts op jacht en zoeken in de ondiepe zandbodem naar schaaldieren en produceren een uitstekend hoorbaar "geknor", als ze met hun tanden knarsen.

Blaustreifen-Grunzer
Haemulon sciurus

Tagsüber zeigen sich Blaustreifen-Grunzer meistens in kleinen Schulen auf den schattigen Korallenbänken. Sie ruhen sich dann aus. Sie jagen nachts. Sie suchen dann im flachen Sandboden nach Schalentieren und produzieren ein deutlich wahrnehmbares "Grunzen", wenn sie mit den Zähnen knirschen.

56-57

Giant Basket Star
Astrophyton muricatum

A rainbow of pink, orange, and tan hues paint the giant basket star. The traditional five arms attached to the body continuously branch resulting in a fine network that resembles a plant's root system. Shunning life on the reef during the day, the basket star unfurls its arms to strain plankton from the sea at night.

Medusahoofd
Astrophyton muricatum

Een regenboog van roze, oranje en geelbruine tinten siert het medusahoofd. De vijf armen vertakken zich tot een fijn netwerk, zoals de wortels van een plant. Overdag mijdt hij het leven op de riffen om 's nachts met zijn uitgespreide armen plankton uit de zee op te nemen.

Medusenhaupt
Astrophyton muricatum

Regenbogenfarben, rosa, orange bis gelbbraune Töne, schmücken das Medusenhaupt. Die fünf Arme verzweigen sich zu einem feinen Netzwerk, den Wurzeln einer Pflanze ähnlich. Tagsüber meidet das Medusenhaupt das Leben auf den Riffen, nachts fängt es mit seinen ausgebreiteten Armen Plankton aus dem Meer auf.

Balloonfish
Diodon holocanthus

Solitary and cautious, balloonfish are slow swimmers. This young one sleeps amid orange tube coral. Keeping close to the bottom and blending with the background, a threatened fish will rapidly inflate itself into a big, round, thorny balloon. This defensive action cedes the ability to swim and escape in favor of becoming a mouthful too difficult to swallow.

Bruine Egelvis
Diodon holocanthus

De solitaire en schuwe bruine egelvis is een trage zwemmer. Dit jonge exemplaar slaapt in het roosjeskoraal. Een bedreigd exemplaar blaast zich snel op tot een grote ronde en stekelige ballon. Hierdoor is het dier niet meer in staat om te zwemmen en te ontsnappen, maar in ruil daarvoor krijgt het een volume dat heel moeilijk te verzwelgen is.

Ballon-Igelfisch
Diodon holocanthus

Der solitaire und scheue Ballonfisch ist ein träger Schwimmer. Dieser junge Ballonfisch schläft zwischen Korallen. Wird ein Exemplar bedroht, bläst es sich schnell zu einem großen, runden, stachligen Ballon auf. Das Tier kann dann zwar nicht wegschwimmen, sein Umfang ist jedoch so enorm, daß es kaum verschlungen werden kann.

58

Spanish Hogfish
Bodianus rufus

Like a hog, this fish will use its snout to root and dig in the sand. Disturbed starfish, crabs and urchins are voraciously snapped up. Formidable "buckteeth" grasp the prey, and after ingestion, powerful inner jaws grind up the shells and hard materials of seemingly unsuitable prey.

Spaanse Lipvis
Bodianus rufus

Dit dier wroet als een varken met zijn snuit in het zand. Zeesterren, krabben en zeeëgels worden gulzig verorberd. Ontzagwekkende vooruitstekende tanden grijpen de prooi, en na het opslokken hiervan vermalen sterke kaken de schelpen en harde delen van een schijnbaar ongeschikte prooi.

Spanischer Schweinslippfisch
Bodianus rufus

Dieses Tier wühlt, wie ein Schwein, mit seiner Schnauze im Sand. Starfish, Krabben und Seeigel werden gierig verschlungen. Imposante, vorstehende Zähne greifen die Beute; wenn diese verschlungen ist, malen starke Kiefer die Schalen und harten Teile einer scheinbar ungenießbaren Beute.

59

Saddled Blenny
Malacoctenus triangulatus

Tiny and territorial, blennies will live their whole lives in the confines of just a few yards. The ability to lighten and darken their color patterns is especially useful for camouflage. Hunters by concealment, blennies are found on any part of the reef, on the limestone sea bottom, and in shallow grassy areas.

Zadelslijmvis
Malacoctenus triangulatus

De kleine slijmvissen komen in hun hele leven niet buiten een afgebakend gebied van luttele meters. Ze camoufleren zich door hun tekening lichter of donkerder te maken. Slijmvissen zijn jagers en zwemmen op de riffen, op de kalkstenen zeebodem en in ondiepe grasachtige gebieden.

Sattel-Blenny
Malacoctenus triangulatus

Die kleinen Schleimfische bleiben ihr ganzes Leben auf einem genau abgesteckten Gebiet von wenigen Quadratmetern, das sie niemals verlassen. Zur Tarnung kann ihre Zeichnung heller oder dunkler werden. Schleimfische sind Jäger, die auf den Riffen, dem Meeresboden aus Kalkstein, sowie in seichten, grasartigen Gebieten schwimmen.

60

Yellowline Goby
Gobiosoma oceanops

Cleaning stations are governed by an elaborate code of behavior. To be cleaned of ectoparasites and organic debris, predatory fish hover in a stylized pose communicating a truce. Perched on its pectoral fins in the safety of a tube sponge, the yellowline goby waits for the signal from an interested customer.

Blauwe Poetsgrondel
Gobiosoma oceanops

Aan schoonmaakstations zijn strikte reglementen verbonden. Ten einde te worden gezuiverd van parasieten en organisch afval nemen roofvissen een houding aan, die een wapenstilstand uitdrukt. De blauwe poetsgrondel wacht op zijn borstvinnen in een buisspons op het teken van een geïnteresseerde klant.

Neongrundel
Gobiosoma oceanops

Putzen ist an strikte Regeln gebunden. Um Parasiten und organischen Abfall los zu werden, nehmen Raubfische eine Haltung ein, die einen Waffenstillstand symbolisiert. Die blaue Neongrundel wartet, in einem Schwamm auf seinen Brustflossen stützend, auf das Zeichen eines interessierten Kunden.

61

62

Split-Crown Feather Duster
Anamobaea orstedii

As amazing as it may seem, this beautiful creature is a marine worm. The familiar segmented body is hidden in a parchment tube, and the branching radioles that we see function as gills and plankton gatherers. The brightly colored and patterned radioles bear a striking resemblance to the common household feather duster.

Reuzen Vederworm
Anamobaea orstedii

Dit dier is verbazingwekkend genoeg een zeeworm. Het uit segmenten bestaande lijf is verborgen in een koker. De zich vertakkende waaiers die als kieuwen dienen, oogsten plankton. De bont gekleurde waaiers vertonen een sprekende gelijkenis met de vertrouwde huishoudplumeau.

Riesenfederwurm
Anamobaea orstedii

Dieses Tier ist ein Meereswurm. Der aus Segmenten bestehende Körper steckt in einer Röhre. Die verzweigten, multifunktionellen Arme sind Kiemen, die auch Plankton filtern. Die bunten Arme sehen einem Staubwedel verblüffend ähnlich.

63

West Indian Sea Egg
Tripneustes ventricosus
with unidentified symbiotic shrimp

This echinoderm will disguise itself by carrying algae and debris, and is well-camouflaged in the rubble zone it frequents while dining on algae and sea grass. The tiny purple shrimp are well protected within the sharp spines, and the relationship between the two animals is symbiotic - neither causes harm to the other.

Indische Zeeëgel
Tripneustes ventricosus
met een onbekende garnaal

Deze stekelhuidige vermomt zich met algen en organische resten en is goed gecamoufleerd tussen de stenen, waar het dier zich te goed doet aan algen en zeegras. De kleine paarse garnaal zit goed beschut tussen de scherpe stekels en de relatie tussen de twee dieren is symbiotisch - ze doen elkaar geen kwaad.

Indischer Seeigel
Tripneustes ventricosus
mit einer unbekannten Garnele

Dieser Stachelhäuter tarnt sich mit Algen und organischen Resten, er ist zwischen den Steinen kaum zu sehen. Das Tier frißt Algen und Seegras. Die kleine, violette Garnele ist zwischen den scharfen Stacheln gut geschützt. Die Beziehung zwischen den zwei Tieren ist symbiotisch, sie schaden einander nicht.

64

French Angelfish
Pomacanthus paru

The lovely juvenile French angelfish differs radically from the adult. Solid black with five vertical bright yellow bands, the young fish often serves as a cleaning fish, removing crustacean ectoparasites from larger reef residents. The bands gradually fade to golden scales as the fish matures.

Franse Keizersvis
Pomacanthus paru

De jonge Franse keizersvis verschilt wezenlijk van een volwassen exemplaar. De jonge vis - effen zwart met vijf verticale gele strepen - fungeert vaak als "schoonmaker"en verwijdert parasieten bij grotere rifbewoners. De strepen veranderen tijdens het groeiproces geleidelijk in goudkleurige schubben.

Franzosen-Kaiserfisch
Pomacanthus paru

Ein junger Franzosen-Kaiserfisch sieht anders aus als ein erwachsener. Der junge Fisch - schwarz mit fünf senkrechten gelben Streifen - ist oft ein Putzerfisch, der bei größeren Riffbewohnern Parasiten (Schalentiere) entfernt. Die Streifen entwickeln sich während des Wachstums zu goldenen Schuppen.

65

Goldentail Moray
Gymnothorax miliaris

Moray eels are fish; however, they possess no pectoral or ventral fins and they are obviously without scales. Their long, slender bodies with a single dorsal fin move sinuously along the sea floor. At rest, they peer out from beneath a coral head, opening and closing their mouths for respiration, NOT aggression.

Goudstaartmurene
Gymnothorax miliaris

Murenen zijn vissen; ze bezitten evenwel geen borst- of buikvinnen en ook geen schubben. Het lange lijf met één enkele rugvin beweegt zich kronkelend over de zeebodem. Tijdens een rustpauze liggen ze te loeren vanachter een koraalrichel, waarbij ze hun bek beurtelings openen en sluiten om te ademen en NIET uit agressie.

Goldschwanz-Muräne
Gymnothorax miliaris

Muränen sind Fische; die Brust- und Bauchflossen, sowie die Schuppen, fehlen jedoch. Der lange Körper mit Rükkenflosse schlängelt über den Meeresboden. In einer Ruhepause liegen sie hinter einer Korallenbank auf der Lauer, dabei öffnen und schließen sie ihr Maul. Sie tun das, um zu atmen, NICHT aus Agressivität.

Blackhead Blenny
Coralliozetus bahamensis

It is not easy to distinguish blennies from gobies. Typically, both species of fish are small, negatively buoyant bottom dwellers and are clothed in patterns that blend with the environment. However, the blenny easily rests in a curved position and sports one, long continuous dorsal fin. To evade predators, the blenny rapidly darts to refuge.

Zwartkop
Coralliozetus bahamensis

Slijmvissen en grondels zijn moeilijk van elkaar te onderscheiden. Beide vissoorten zijn kleine zeebodem-bewoners en hebben een tekening die met de omgeving versmelt. De slijmvis kan in rust ook een gekromde houding aannemen en één lange doorlopende rugvin opzetten. Hij maakt zich bij dreigend gevaar pijlsnel uit de voeten.

Schwarzkopf-Schleimfisch
Coralliozetus bahamensis

Schleimfische und Grundeln ähneln einander sehr. Beide Fischarten sind kleine Meeresbodenbewohner, und sie haben beide eine ihrer Umgebung angepaßte Zeichnung. Der Schleimfisch ruht in gekrümmter Haltung und richtet die lange, durchgehende Rückenflosse auf. Wenn Gefahr droht, sucht er blitzschnell das Weite.

66

Red Reef Hermit Crab
Paguristes cadenati

Discarded sea shells are protective homes for the hermit crab. As it grows, it must move into a larger shell to shelter its soft abdomen. Very shy, the crab withdraws into the shell when threatened. Bright yellow eyes peek cautiously out before the crab relaxes and resumes its daily business.

Rode Rifheremiet
Paguristes cadenati

Schelpen zijn een veilige behuizing voor de heremietkreeft. Naarmate hij groter wordt, verhuist hij naar steeds grotere schelpen om zijn zachte achterlijf te beschermen. Het dier is zeer schuw en trekt zich bij dreigend gevaar in de schelp terug. De gele ogen nemen alles nauwkeurig op, voordat de kreeft zich ontspant en zijn dagelijkse bezigheden hervat.

Roter Riffeinsiedlerkrebs
Paguristes cadenati

Muscheln sind eine sichere Behausung für den Einsiedlerkrebs. Wenn er wächst, zieht er jeweils in größere Muscheln um, die seinen weichen Hinterleib schützen. Der scheue Krebs zieht sich bei drohender Gefahr in die Muschel zurück. Die gelben Augen tasten die Umgebung gründlich ab, bevor er sich entspannt, und wieder seinen normalen Beschäftigungen nachgeht.

67

Squirrelfish
Holocentrus adscensionis

The abnormally large eyes of the squirrelfish are a significant adaptation for reef fish that must swim and eat at night. Like those of many other nocturnal fish, the extra large lenses must gather more light to produce a usable image than that needed by the typical day feeder.

Eekhoornvis
Holocentrus adscensionis

De grote ogen van de eekhoornvis zijn een typisch kenmerk voor rifvissen, die 's nachts zwemmen en eten. De extra grote ogen moeten meer licht opvangen voor een bruikbaar beeld dan die van vissen die zich overdag voeden.

Soldatenfisch
Holocentrus adscensionis

Die großen Augen des Soldatenfischs sind typisch für Riff-Fische, die nachts schwimmen und fressen. Die übergroßen Augen können mehr Licht zur Erzeugung eines brauchbaren Bildes aufnehmen, als die von Fischen, die bei Tageslicht fressen.

68

Longspine Squirrelfish
Holocentrus rufus

All species of squirrelfish are nocturnal creatures. Resting in a coral cave by day, their lovely pinkish-red colouring renders them a nearly invisible grey at night. Some leave the safety of the reef to dine on plankton, and others are bottom feeders, searching for invertebrates that have emerged from their own hiding places.

Caraïbische Eekhoornvis
Holocentrus rufus

Alle eekhoornvis-soorten zijn nachtdieren. Overdag rusten ze uit in een hol en 's nachts verleent de rozerode tekening de dieren een bijna onzichtbare grijstint. Sommige dieren verlaten het rif om zich te voeden met plankton. Andere halen hun voedsel van de zeebodem en zoeken naar ongewervelde dieren.

Langstachel-Husar
Holocentrus rufus

Alle Husararten sind Nachttiere. Tagsüber ruhen sie sich in einer Höhle aus, nachts verändert sich die schöne rosarote Farbe in einen fast unsichtbaren Grauton. Einige verlassen die Geborgenheit des Riffs, um Plankton zu fressen. Andere suchen ihre Nahrung auf dem Meeresboden oder fressen wirbellose Tiere.

69

70

Schoolmaster
Lutjanus apodus

Schoolmaster snappers are night-time predators searching for invertebrates and small fish. Like other nocturnal species, they present a peaceful pose during the day, resting in small, watchful schools beneath the plumes of soft corals. It is not uncommon for the school to be of mixed species that offer no threat to each other.

Schoolmeester
Lutjanus apodus

Schoolmeester snappers gaan 's nachts op zoek naar ongewervelde dieren en visjes. Net zoals andere nachtdieren doen ze het overdag rustig aan in kleine waakzame scholen onder de pluimen van zachte koralen. Het is niet ongebruikelijk dat de school verschillende soorten omvat, die geen bedreiging voor elkaar vormen.

Schulmeister-Schnapper
Lutjanus apodus

Schulmeister-Schnapper suchen nachts wirbellose Tiere und kleine Fische. Wie alle Nachttiere, verschnaufen sie tagsüber in kleinen, wachsamen Schulen unter den Zweigen der Weichkorallen. Oft befinden sich in einer Schule mehrere Arten, die keine Bedrohung füreinander sind.

71

Atlantic Spadefish
Chaetodipterus faber

The silvery Atlantic spadefish is commonly a pelagic fish found in large schools. Pelagic fish typically live in the open ocean rather than on reefs or in coastal areas. For a time, this lovely visitor was living on the reefs that ring Klein Bonaire. As this fish is rare in Bonaire's waters, it was surely very lonely.

Atlantische Schopvis
Chaetodipterus faber

De zilverachtige Atlantische schopvis is doorgaans een pelagische vis die in grote scholen optreedt. Pelagische vissen leven gewoonlijk in de open zee in plaats van op riffen of in kuststreken. Deze prachtige bezoeker leefde enige tijd op de riffen rondom Klein-Bonaire. Aangezien dit dier zeldzaam is in de wateren om Bonaire, was het zeker heel eenzaam.

Karibik-Spatenfisch
Chaetodipterus faber

Der silbrige Karibik-Spatenfisch ist ein pelagischer Fisch, der in großen Schulen auftritt. Pelagische Fische leben gewöhnlich nicht auf Riffen oder in Küstennähe, sondern auf hoher See. Der prächtige Besucher lebte einige Zeit auf den Riffen Klein Bonaires. Da dieses Tier in den Gewässern Bonaires selten ist, war es sicher sehr einsam.

72

Bridled Goby
Coryphopterus glaucofraenum

Gobies are the smallest family of fish in the sea, and have many interesting characteristics. Most important, they have no gas bladder and spend their lives being negatively buoyant. Some have developed a suction disc to hold fast to the substrate, while others rest near a protective burrow in the sand.

Grondel
Coryphopterus glaucofraenum

Grondels vormen de kleinste familie in de zee en hebben diverse interessante kenmerken. Ze hebben geen zwemblaas en leven op de zeebodem. Sommige soorten hebben een zuigmond om zich vast te houden aan de bodem, terwijl andere soorten in de buurt van een hol in het zand leven.

Grundel
Coryphopterus glaucofraenum

Grundeln gehören zur kleinsten Meerestierart, und sie besitzen einige interessante Kennzeichen. Sie haben keine Schwimmblase und leben auf dem Meeresboden. Manche Arten haben einen Saugmund, um am Boden Halt zu finden, während andere Arten in der Nähe eines Sandlochs leben.

73

Peacock Flounder
Bothus lunatus

One of the most magnificent masters of disguise, the peacock flounder is a bottom dwelling, flat fish with both eyes on the left side of its head. Not only can it magically vary its colour and pattern to blend with a rocky bottom, but it can also bury itself in the sand. Thus concealed, it is an effective hunter.

Pauwoogschol
Bothus lunatus

De pauwoogschol, één van de grootmeesters van de vermomming, is een op de zeebodem levende platvis met beide ogen aan de linkerzijde van de kop. Behalve dat hij op wonderbaarlijke wijze van kleur en tekening kan veranderen, kan hij zich ook in het zand verbergen. Aldus gecamoufleerd is het dier een uitstekende jager.

Pfauenbutt
Bothus lunatus

Der Pfauenbutt, ein Großmeister der Tarnung, ist ein auf dem Meeresboden lebender Plattfisch, dessen Augen sich beide an der linken Seite des Kopfes befinden. Er verändert nicht nur auf verblüffende Weise seine Farbe und Zeichnung, sondern versteckt sich auch im Sand. Diese Tarnung macht das Tier zu einem hervorragenden Jäger.

Spinyhead Blenny
Acanthemblemaria spinosa

Some species of blennies occupy empty worm holes in the coral or pores of colourful sponges for safety. Little faces peer out, comical with their rolling eyes. When we find many blennies on a single coral head, we call it a "blenny condominium."

Stekelkop Slijmvis
Acanthemblemaria spinosa

Sommige slijmvis-soorten bewonen veiligheidshalve lege wormkokers in het koraal of porieën van bont gekleurde sponzen. De kleine koppen steken naar buiten - komisch met de rollende ogen. Een grote verzameling slijmvissen op één enkele koraalbank noemen we een "blenny-condominium".

Stachelkopf-Schleimfisch
Acanthemblemaria spinosa

Einige Schleimfischarten bewohnen leere Wurmlöcher in Korallen, oder Poren bunter Schwämme. Die Köpfchen mit den rollenden Augen schauen heraus - ein komischer Anblick. Eine große Anzahl von Schleimfischen auf einer einzigen Korallenbank nennt man "Blenny-Kondominium".

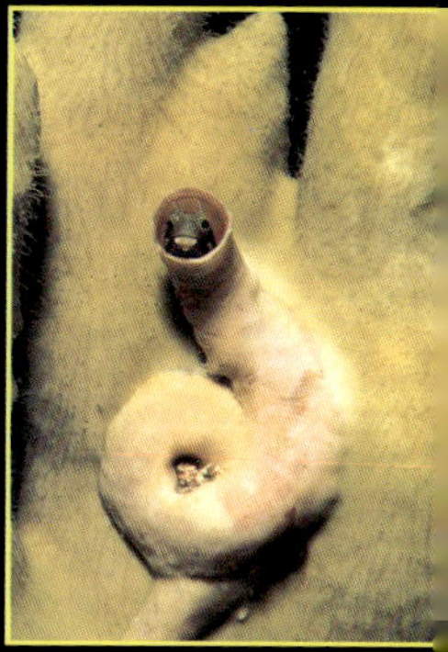

74

Spinyhead Blenny
Acanthemblemaria spinosa

A fire coral encrusted barnacle shell is a safe haven for the blenny, one of the smallest species of fish. The fleshy stalks above the eyes and on the face are called cirri, and help disguise the concealed fish. Secure, he waits patiently for passing amphipods and copepods, rapidly darting and snatching his supper.

Stekelkop Slijmvis
Acanthemblemaria spinosa

Een zeepok met een "korstje"van vuurkoraal is een veilige schuilplaats voor de slijmvis, één van de kleinste vissoorten. De vlezige stelen boven de ogen en op de kop dienen als vermomming. Vanuit zijn veilige stek loert hij geduldig op zeer kleine kreeftachtigen om plotsklaps razendsnel zijn maaltijd te grijpen.

Stachelkopf-Schleimfisch
Acanthemblemaria spinosa

Eine Krebsmuschel mit einer Feuerkorallen-"Kruste"ist ein guter Unterschlupf für den Schleimfisch, einer der kleinsten Fischarten. Die fleischigen Stiele über den Augen und auf dem Kopf dienen zur Tarnung. In seinem sicheren Plätzchen lauert er geduldig auf Amphipoden und Kopepoden, und fängt dann blitzschnell eine Mahlzeit.

75

Longlure Frogfish
Antennarius multicellatus

Another superb master at concealment is the longlure frogfish. Its lumpy, bumpy body shape blends so effectively with sponges that it is one of the most difficult reef fish to find and observe. A delicate filament just above the mouth has evolved as a "fishing pole"and is gently waved to attract prey.

Oogvlek-hengelaarvis
Antennarius multicellatus

Eveneens een meester in het zich verstoppen is de oogvlek-hengelaarvis. Zijn bultige lijf vormt één geheel met de sponzen. Het is daarom één van de moeilijkst op te sporen vissen op de riffen. Een fijne draad even boven de bek heeft zich ontwikkeld tot een "hengel", die rustig heen en weer zwaait om een prooi te lokken.

Augenfleck-Anglerfisch
Antennarius multicellatus

Ein anderer Meister des Versteckens ist der Augenfleck-Anglerfisch. Sein buckliger Körper ist von den Schwämmen kaum zu unterscheiden. Darum ist dieser Fisch auf den Riffen selten zu beobachten. Ein dünner Faden über dem Maul hat sich zu einer "Angel"entwickelt, die ruhig hin und her schwingt, um Beute anzulocken.

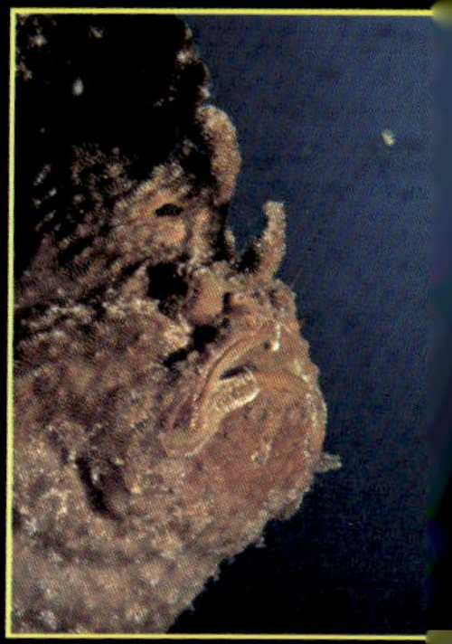

76

Fingerprint Cyphoma
Cyphoma signatum

The fingerprint cyphoma, a rare mollusk, and its cousin, the flamingo tongue, are predators of soft coral. The shell itself is a common creamy colour, and it is the mantle or skin of the snail that is so beautiful. A delicate touch will frighten the snail and cause it to withdraw the mantle into the safety of the shell.

Fingerprint Cyphoma
Cyphoma signatum

De fingerprint cyphoma, een zeldzaam weekdier, en zijn familielid, de flamingotong, voeden zich met zacht koraal. De schelp is roomkleurig maar de mantel van de schelp bezit een schitterende tekening. Reeds bij de lichtste aanraking trekt het schuwe dier zich terug in de veilige schelp.

Cyphoma signatum

Die Schneckenart Cyphoma, ein seltenes Weichtier, und ein anderes Familienmitglied, die Flamingozunge, ernähren sich von Weichkorallen. Das Gehäuse der schönen Schnecke ist cremefarben. Schon bei der kleinsten Berührung zieht sich das scheue Tier in sein sicheres Gehäuse zurück.

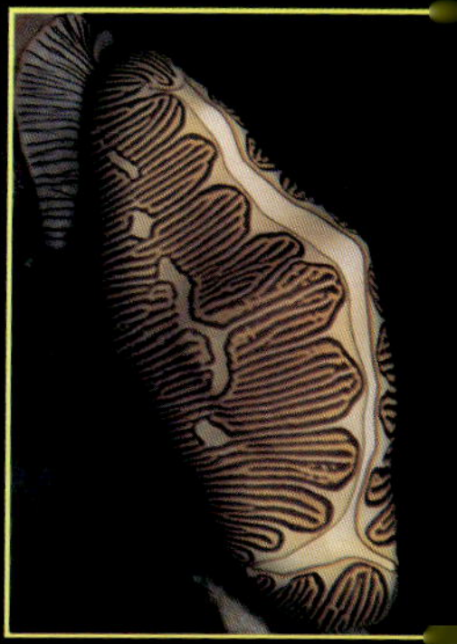

77

78

Longlure Frogfish
Antennarius multicellatus

The frogfish relies on its camouflage to capture prey, and dangles its lure to entice small fish near. Its webbed pectoral fins are used much like feet and it will "walk" around its territory. Able to change colour to perfectly match a chosen sponge, the frogfish will remain in place unless molested.

Oogvlek-hengelaarvis
Antennarius multicellatus

De oogvlek-hengelaarvis vertrouwt op zijn camouflage bij het vangen van zijn prooi en zet zijn lokmiddel in om kleine vissen te vangen. De borstvinnen met zwemvliezen worden als voeten gebruikt en het dier 'wandelt' feitelijk over zijn territorium. Hij kan van kleur veranderen om geheel te versmelten met een uitgekozen spons en blijft op zijn plaats, tenzij hij lastig wordt gevallen.

Augenfleck-Anglerfisch
Antennarius multicellatus

Der Anglerfisch vertraut seiner Tarnung, wenn er eine Beute fangen will. Um kleine Fische zu fangen, benutzt er ein Lockmittel. Die Brustflossen mit den Schwimmhäuten werden wie Füße benutzt, das Tier 'spaziert' praktisch in seinem Revier. Der Anglerfisch kann seine Farbe wechseln, um einem Schwamm zu gleichen. Er bleibt an einem Ort, solang er nicht belästigt wird.

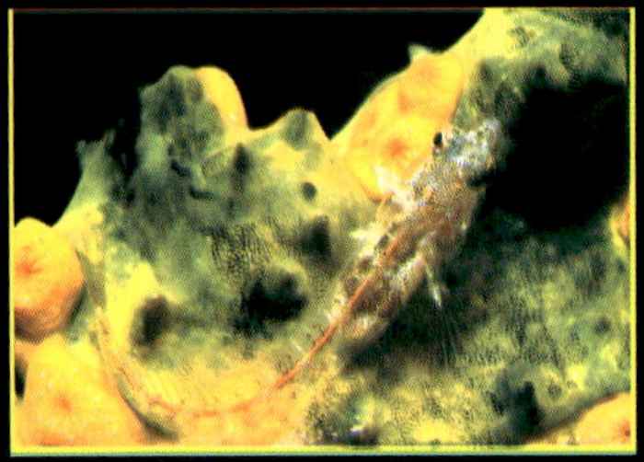

79

Blenny, species unknown

The translucent body of this blenny facilitates movement around its territory. No matter where it rests, it is virtually invisible. Branching finger sponge colonies assume complex shapes that provide crevices and tubes to hide in, and plenty of food circulates within reach due to the sponge's filter feeding activity.

Slijmvis, soort onbekend

Het doorschijnende lijf van deze slijmvis verhoogt de bewegingsvrijheid op zijn territorium. Hij is feitelijk overal onzichtbaar. Vingersponskolonies nemen grillige vormen aan, wat resulteert in schuilplaatsen in de vorm van spleten en holten en er is voedsel in overvloed, doordat de spons voedsel uit het water filtreert.

Schleimfisch, unbekannte Art

Der durchscheinende Körper ermöglicht dem Schleimfisch größere Bewegungsfreiheit in seinem Revier. Er ist praktisch überall unsichtbar. Bizarr geformte Schwammkolonien gewähren in ihren Spalten und Höhlen Unterschlupf. Der Schwamm filtert Nahrung aus dem Wasser, die es im Überfluß gibt.

80

Four-eyed Reef Octopus
Octopus hummelincki

Mature at only eight inches in diameter, this little octopus functions just as its larger cousins do. Responsive color cells, the chromatophores, produce various colours based on expansion and contraction, and the flexible body can mold itself to any position. The remarkable ability to disguise is used not only to protect itself, but to ambush prey.

Vieroog Octopus
Octopus hummelincki

Deze kleine octopus (volgroeid slechts een diameter van 20 cm) functioneert net zo als de grotere octopussen. Zijn kleurencellen, de chromatoforen, produceren verschillende kleuren door middel van uitzetting en samentrekking, en het flexibele lichaam kan zich in vrijwel elke mogelijke houding manoeuvreren. Hij kan zich onherkenbaar maken, ter bescherming en om een prooi in een hinderlaag te lokken.

Vieräugiger Oktopus
Octopus hummelincki

Dieser kleine Oktopus (der Durchmesser des erwachsenen Tieres beträgt 20 cm) unterscheidet sich kaum von größeren Artgenossen. Seine Farbzellen, die Chromatophoren, produzieren Farben, indem sie sich ausdehnen und zusammenziehen. Der bewegliche Körper kann nahezu jede Form bekommen. Er kann sich zu seinem Schutz tarnen, jedoch auch, um seine Beute in einen Hinterhalt zu locken.

81

Yellowline Arrow Crab
Stenorhynchus seticornis

The yellowline arrow crab seems like a strange, science fiction character. The elongated body and slender, spider-like legs are a hard exoskeleton. In order for crustaceans to grow, their too tight armor must be shed for a larger, soft shell. They are extremely vulnerable during the time it takes the new shell to harden.

Pijlkrab
Stenorhynchus seticornis

De pijlkrab lijkt op een science-fiction-schepsel. Het langgerekte lijf en de ranke poten als van een spin zijn een hard skelet. Om te kunnen groeien moet het te strakke pantser van schaaldieren worden ingeruild voor een ruimere zachte schaal. Ze zijn buitengewoon kwetsbaar in de periode waarin de nieuwe schaal moet harden.

Pfeilkrabbe
Stenorhynchus seticornis

Diese Krabbe gleicht einem Sciencefictiongeschöpf. Der lange Körper und die dünnen Spinnenbeine bestehen aus einem harten Skelett. Wenn es wächst, muß das Schalentier den zu knapp gewordenen Panzer abwerfen, ein größerer, weicher Panzer entsteht. In der Härtungsperiode des neuen Panzers ist das Tier sehr verletzbar.

Sharptail Eel
Myrichthys breviceps

The sharptail eel's slender body delicately undulates as it forages along the sea floor. Creamy beige skin, lightly sprinkled with yellow spots, blends with the sand. To hide swiftly, the eel digs a shallow burrow with its tail and buries itself. Although eels are serpentine in appearance, there are no snakes in the Caribbean Sea.

Goudgevlekte Slangmurene
Myrichthys breviceps

Het ranke lijf van de goudgevlekte slangmurene kronkelt sierlijk over de zeebodem. De roomkleurige huid met de gele spikkeltjes vormt een eenheid met het zand. Om zich snel te verstoppen graaft de murene een ondiep holletje met zijn staart, waarin hij zichzelf begraaft. Murenen zien er weliswaar slangachtig uit, maar er zijn geen slangen in de Caribische Zee.

Spitzschwanz-Schlangenaal
Myrichthys breviceps

Der schlanke Körper des Spitzschwanz-Schlangenaals schlängelt elegant über den Meeresboden. Die cremefarbene Haut mit den gelben Sprenkeln harmoniert mit dem Sand. Ein schnelles Versteck ist ein flaches Loch; der Aal scharrt dieses mit dem Schwanz und gräbt sich darin ein. Aale sehen zwar wie Schlangen aus, diese gibt es in der Karibik jedoch nicht.

82

Green Turtle
Chelonia mydas

The green turtle is an endangered species. Not only were vast numbers of these beautiful marine reptiles butchered, but the traditional nest robbing of eggs woefully depleted the reproductive ability of survivors. Thankfully, turtles are now internationally protected and the trade in meat and shell artifacts is banned.

Soepschildpad
Chelonia mydas

De soepschildpad is een bedreigde diersoort. Veel van deze zeereptielen werden gedood en ook het traditionele roven van eieren uit de nesten heeft de voortplanting van de overgebleven dieren belemmerd. Gelukkig worden zeeschildpadden tegenwoordig overal ter wereld beschermd en is de handel in het vlees en van het schild vervaardigde kunstnijverheid verboden.

Suppenschildkröte
Chelonia mydas

Die Suppenschildkröte ist vom Aussterben bedroht. Viele dieser Meeresreptilien wurden getötet, und die Gewohnheit, die Eier zu rauben, hat die Fortpflanzung der restlichen Tiere beeinträchtigt. Zum Glück werden Meeresschildkröten heute weltweit geschützt, und ist der Handel mit dem Fleisch, sowie Gegenständen, die aus dem Schild hergestellt werden, verboten.

83

35

Longspine Squirrelfish
Holocentrus rufus
Touch-me-not Sponge
Neofibularia nolitangere

From the sponge's vase, large eyes anxiously observe outside activity. Although sedentary and accessible, most sponges lack any defensive ability. Hard calcium spicules form an internal skeleton and are difficult for fish to digest. Uniquely, the "touch-me-not" has developed a poison that causes a severe allergic reaction.

Caraïbische Eekhoornvis
Holocentrus rufus
Vuurspons
Neofibularia nolitangere

Vanuit de koker van de spons observeren grote ogen angstvallig de bedrijvigheid. Ofschoon ze sedentair en toegankelijk zijn, hebben de meeste sponzen geen enkel verdedigingsmiddel. Harde kalkdeeltjes vormen een inwendig skelet, zodat ze voor vissen lastig te verteren zijn. De vuurspons heeft een gif dat een sterke allergische reactie teweegbrengt.

Langstachelhusar
Holocentrus rufus
Feuerschwamm
Neofibularia nolitangere

Große Augen in der Öffnung des Schwamms beobachten ängstlich das Treiben. Obwohl Schwämme festsitzende und 'offene' Tiere sind, haben die meisten keine Verteidigungsmittel. Harte Kalkteilchen bilden das innere Skelett, für Fische sind sie darum schwer verdaulich. Nur der Neofibularia nolitangere besitzt ein Gift, das eine allergische Reaktion auslöst.

36

Banded Coral Shrimp
Stenopus hispidus
Stove-pipe Sponge
Aplysina archeri

Many shrimp species, as well as small and/or juvenile fish, fulfill important roles at cleaning stations. Shrimp move to the outer edge of their protective niche and gently sway from side to side and enticingly wave their antennae. This dance signals to reef fish their symbiotic willingness to clean.

Roodwitte Poetsgarnaal
Stenopus hispidus
Buisspons
Aplysina archeri

Talrijke garnaalsoorten, evenals kleine en/of jonge vissen, vervullen een belangrijke rol op schoonmaakstations. Garnalen wuiven op de buitenste rand van hun beschutte plekje verleidelijk met hun voelsprieten. Deze dans is voor de rifvissen het signaal, dat ze tot een symbiotische schoonmaakbeurt bereid zijn.

Rotweiße Putzergarnele
Stenopus hispidus
Becherschwamm
Aplysina archeri

Zahlreiche Garnelenarten, sowie kleine und/oder junge Fische, unterhalten Putzerstuben. Garnelen winken auf dem äußersten Rand ihres Schlupfwinkels verführerisch mit ihren Fühlern. Dieser Tanz ist für die Fische das Zeichen, daß sie dazu bereit sind, sie symbiotisch zu putzen.

37

Longsnout Seahorse
Hippocampus reidi
Row Pore Rope Sponge
Aplysina cauliformis

Seahorses are found in a variety of marine habitats and depth zones. Branching sponges and soft corals provide plenty of attractive perches. The prehensile tail grasps a branch and the firmly anchored seahorse leisurely feeds on minute crustaceans. Inefficient swimmers, seahorses drift from perch to perch.

Langsnuitzeepaardje
Hippocampus reidi
Touwspons
Aplysina cauliformis

Zeepaardjes hebben diverse woongebieden op verschillende diepten. Sponstakken en zachte koralen bieden genoeg geschikte plekjes. De grijpstaart houdt zich vast aan een tak en het stevig verankerde zeepaardje voedt zich op zijn gemak met schaaldiertjes. Zeepaardjes zijn slechte zwemmers.

Langschnäuziges Seepferdchen
Hippocampus reidi
Becherschwamm
Aplysina cauliformis

Seepferdchen bewohnen viele Lebensräume in verschiedenen Tiefen. Schwammäste und Weichkorallen bieten viele geeignete Stellen. Während sich der Greifschwanz an einem Zweig festhält, frißt das fest verankerte Seepferdchen behaglich Schalentierchen. Seepferdchen sind schlechte Schwimmer.

38

Purple Spotted Sea Goddess
Hypselodoris sp.

The frilly appendages typical of the nudibranchs are not just decorative - they are external gills. The sea goddess is an algae eater equipped with a needle to puncture algae cells and suck out the fluid. Algae rapidly grows on dead coral heads, especially in shallow zones where surge easily causes damage.

Naaktslak
Hypselodoris sp.

De aanhangsels - kenmerkend voor de naaktslakken - zijn niet zomaar decoratie, maar doen dienst als uitwendige kieuwen. De naaktslak is een algeneter met een naald om algencellen mee door te prikken en de vloeistof er uit te zuigen. Algen groeien op dode koraalbanken, met name op ondiepe plaatsen, waar de golfslag gemakkelijk schade aanricht.

Nacktschnecke
Hypselodoris sp.

Die dekorativen Fortsätze - typisch für Nacktkiemer - sind gleichzeitig externe Kiemen. Die Hypselodoris ist ein Algenfresser, die mit einem Stachel Algenzellen ansticht, um Flüssigkeit herauszusaugen. Algen siedeln auf abgestorbenen Korallenstöcken, hauptsächlich an seichten Stellen, wo der Wellengang schnell Schaden anrichten kann.

Caribbean Reef Octopus
Octopus briareus

Scientists compare the octopus to an actor as it uses theatrical disguise, gestures, and posturing to ease its existence on the reef. It is even supposed that the octopus experiences human-like emotions as it blanches in fear or turns red in anger. Clouds of swirling black ink distract a pursuer, while the octopus escapes.

Caribische Octopus
Octopus briareus

Biologen vergelijken de octopus met een acteur, omdat hij gebruik maakt van theatrale vermommingen, bewegingen en houdingen om zijn leven op het rif te vergemakkelijken. Er wordt zelfs verondersteld dat de octopus emoties kent zoals de onze, aangezien hij verbleekt van angst en rood wordt van woede. Wolken van zwarte inkt verwarren een achtervolger, terwijl de octopus kan ontkomen.

Karibischer Oktopus
Octopus briareus

Biologen vergleichen Tintenfische mit Schauspielern, da diese theatralische Verkleidungen, Bewegungen und Posen benutzten, die ihnen das Leben auf dem Riff erleichtern. Man behauptet sogar, daß der Tintenfisch menschliche Emotionen hat, da er sowohl bleich vor Angst, als auch rot vor Wut wird. Wolken schwarzer Tinte verwirren die Verfolger und der Tintenfisch kann flüchten.

89

Tiger Grouper
Mycteroperca tigris
Stove-pipe Sponge
Aplysina archeri

Groupers are hermaphrodites - they begin life and reach mature adulthood as females, but can change sex if necessary. Living typically as solitary reef fish and only randomly meeting potential partners, it is much easier to find a mate and effectively reproduce when the larger of two females can change sex.

Tijgerbaars
Mycteroperca tigris
Buisspons
Aplysina archeri

Zeebaarzen zijn hermafrodieten - totdat ze volwassen zijn, zijn ze vrouwelijk, maar kunnen desgewenst van geslacht veranderen. Ze zijn solitair en ontmoeten zelden potentiële partners. Het is veel gemakkelijker om een partner te vinden, wanneer de grootste van twee vrouwtjes van geslacht kan veranderen.

Tiger-Zackenbarsch
Mycteroperca tigris
Becherschwamm
Aplysina archeri

Zackenbarsche sind Hermaphroditen - sie sind weiblich, bis sie erwachsen werden, danach können sie ihr Geschlecht ändern. Die solitären Fische begegnen selten potentiellen Partnern. Die Partnersuche vereinfacht sich jedoch wesentlich, wenn das größere von zwei Weibchen sein Geschlecht ändert.

90

Squirrelfish
Holocentrus adscensionis
Branching Tube Sponge
Pseudoceratina crassa

At twilight, as day turns to night, nocturnal species awake from suspended animation while daytime reef inhabitants rush to find safe hiding places. Activities and behavior are quite different as vast numbers of fish leave the shelter of the reef, cruising sand flats for nocturnally active crustaceans and mollusks.

Eekhoornvis
Holocentrus adscensionis
Vertakte buisspons
Pseudoceratina crassa

Bij het vallen van de avond komen de nachtdieren weer tot leven, terwijl de overdag actieve dieren haastig op zoek gaan naar een veilige schuilplaats. De activiteiten zijn heel anders, aangezien ontelbare vissen het rif verlaten om op de zandplaten op zoek te gaan naar 's nachts actieve schaal- en weekdieren.

Gemeiner Husar
Holocentrus adscensionis
Pseudoceratina crassa

Bei Anbruch der Nacht erwachen die Nachttiere, während die tagaktiven Tiere schnell einen sicheren Unterschlupf suchen. Es entfalten sich völlig andere Aktivitäten, da unzählige Fische das Riff verlassen, um auf den Sandflächen nach nachtaktiven Schalen- und Weichtieren zu suchen.

91

Peppermint Shrimp
Lysmata wurdemanni

The light pink stripes and huge, dark eyes of the peppermint shrimp are sure characteristics indicating nocturnal activity. At night, the eyes are green and glowing with reflected light. Safely nestled in a complementary tube sponge, waving antennae just protrude advertising its willingness to clean during the day.

Pepermunt Garnaal
Lysmata wurdemanni

De lichtroze strepen en reusachtige donkere ogen van de pepermunt garnaal duiden op nachtelijke activiteit. 's Nachts zijn de ogen groen en gloeien ze van het weerkaatste licht. Overdag zitten ze veilig in een buisspons en geven ze met hun voelsprieten te kennen dat ze bereid zijn tot het geven van een schoonmaakbeurt.

Pfefferminzgarnele
Lysmata wurdemanni

Die hellrosa Streifen und die riesigen dunklen Augen dieser Garnele verraten nächtliche Aktivität. Nachts sind die Augen grün und glühend, da sie Licht reflektieren. Tagsüber halten sie sich in der Geborgenheit eines Röhrenschwamms auf, und signalisieren mit ihren Fühlern, daß sie zum putzen bereit sind.

92

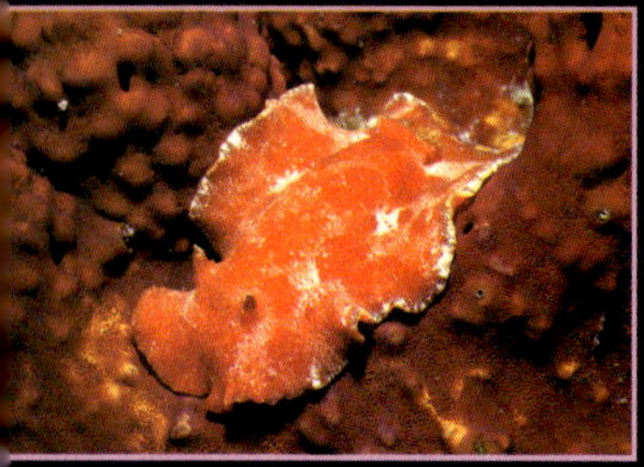

93

Leather-Backed Doris
Platydoris angustipes

A nudibranch is a shell-less mollusk with external gills. Pretty doris inhabits the living reef and feeds on red sponges which supply food and camouflage. Long ribbons of eggs are laid in a distinctive spiral pattern, and can contain more than 2 million eggs. Egg clusters are hidden beneath loose substrate.

Leather-Backed Doris
Platydoris angustipes

Een naaktslak is een schelploos weekdier met uitwendige kieuwen. De doris bewoont het levende rif en leeft van rode sponzen die tegelijk voedsel en camouflage zijn. Het dier legt lange linten van eieren in een speciaal spiraalpatroon, die meer dan 2 miljoen eieren kunnen bevatten. De eieren worden onder een losse bodemlaag verborgen.

Platydoris angustipes

Ein Nacktkiemer ist ein Weichtier ohne Schale und mit externen Kiemen. Die Platydoris bewohnt das Riff und lebt von roten Schwämmen, die Nahrung und Tarnung zugleich sind. Das Tier legt lange, spiralförmige Eierbänder, die mehr als 2 Millionen Eier enthalten können. Die Eier werden im weichen Untergrund versteckt.

94

Christmas Tree Worm
Spirobranchus giganteus

It is apparent how closely this delicate worm resembles a christmas tree, and its variety of festive hues decorates the reef. Building hard tubes within a coral colony protects the segmented worm, and the christmas tree appendage is for breathing and feeding. When startled, the worm retreats and slams shut the operculum, the door to its tube.

Spiraal-kokerworm
Spirobranchus giganteus

Deze worm die in feestelijke kleuren voorkomt, heeft veel weg van een kerstboom. Door de creatie van harde kokers in een koraalkolonie beschermt de uit segmenten bestaande worm zichzelf. Het kerstboomachtige aanhangsel is om te ademen en te eten. Als de worm wordt bedreigd, trekt hij zich terug en slaat hij het operculum, het deksel van zijn koker, dicht.

Spiralröhrenwurm
Spirobranchus giganteus

Dieser festlich bunte Wurm ähnelt einem Weihnachtsbaum. Der aus Segmenten bestehende Wurm, der schützende harte Röhren produziert, lebt in Korallenkolonien. Mit dem weihnachtsbaumartigen Fortsatz atmet und frißt er. Wenn der Wurm bedroht wird, zieht er sich zurück, und schließt das Operculum, den Deckel seiner Röhre.

95

Squat Anemone Shrimp
Thor amboinensis
Giant Anemone
Condylactis gigantea

The giant anemone is apparent on the shallow reefs of Bonaire. Tentacles are alluringly tipped in shades of pink, blue, and purple and many species of crustaceans live in close association with these lovely creatures. The squat anemone shrimp is more commonly called "popcorn" shrimp, as it "pops" on and near the anemone.

Brede Anemoongarnaal
Thor amboinensis
Reuzenanemoon
Condylactis gigantea

De reuzenanemoon bewoont de ondiepe riffen van Bonaire. De tentakels vertonen roze, blauwe en paarse kleurschakeringen. In de directe nabijheid van deze prachtige dieren leven verscheidene schaaldiersoorten. De brede anemoongarnaal is op en in de nabijheid van de anemoon te vinden.

Thor amboinensis

Riesenanemone
Condylactis gigantea

Die Riesenanemone bewohnt die seichten Riffe Bonaires. Die Tentakel leuchten in rosa, blauen und violetten Farbtönen. In der Nachbarschaft dieser phantastischen Tiere leben verschiedene Schalentierarten. Die Garnelenart Thor amboinensis findet man auf und in der Nähe der Seeanemone.

96-97

"Flashdance"

The amazing density of these schooling bigeye scads is like a fluid silver curtain. Sunlight blazingly reflects off silver bodies rapidly moving as a single unit. Evasively soaring above the reef, their balletic movement is as dramatic as any theatre. Always a bad guy, the villains are jacks, tarpon and barracuda.

'Flashdance'

Deze samenscholing van grootoog horsmakrelen lijkt op een zilveren gordijn. Het zonlicht weerkaatst als een gloed van de zilveren dieren die razendsnel bewegen als één enkel levend wezen. Hun balletachtige bewegingen zijn even indrukwekkend als welke vorm van theater ook. Er hoort altijd een 'slechterik' bij en de schurken zijn de makrelen, tarpoenen en barracuda's.

'Flashdance'

Diese Schule Großaugen-Heringsmakrelen gleicht einer silbrigen Gardine. Die silbernen Tiere reflektieren die Glut des Sonnenlichts, ihre blitzschnellen Bewegungen gleichen denen eines einzigen Lebewesens. Ihre tänzerischen Bewegungen sind so eindrucksvoll wie ein Theaterstück. Überall gibt es ein paar Schurken, wie Makrelen, Tarpune und Barrakudas.

Caribbean Reef Squid
Sepioteuthis sepioidea

Squid are in the same class as the octopus, yet they always swim in schools above the reef rather than creeping along the ocean floor. The muscular body forces water in and out of an inner cavity, bathing the gills. An extremely strong contraction expels the water, jetting the animal rapidly away from dangerous situations.

Rif Pijlinktvis
Sepioteuthis sepioidea

Pijlinktvissen behoren tot dezelfde categorie als de octopus, alleen zwemmen zij altijd in scholen boven het rif, in plaats van over de zeebodem te kruipen. Het gespierde lijf perst water voor de kieuwen in en uit een inwendige holte. Door sterke contractie stoot het water naar buiten, waardoor het dier razendsnel aan gevaarlijke situaties kan ontkomen.

Rifftintenfisch
Sepioteuthis sepioidea

Im Gegensatz zu andere Arten kriecht dieser Tintenfisch nicht über den Meeresboden, sondern schwimmt in Schwärmen über dem Riff. Der muskulöse Körper pumpt Wasser für die Kiemen in einen inneren Hohlraum hinein und hinaus. Das Tier kann bei Gefahr blitzschnell entkommen, indem es das Wasser durch starke Kontraktion hinauspreßt.

98

Banded Tube-Dwelling Anemone
Arachnanthus nocturnus

Living inside fine parchment tubes buried in the sand and unnoticeable during the day, the banded tube-dwelling anemone unfurls its delicate tentacles to feed. Capturing and directing prey to its mouth throughout the night, the extremely light sensitive animal retreats inside the tube when disturbed by night divers.

Kokeranemoon
Arachnanthus nocturnus

De kokeranemoon bewoont dunne kokers in het zand en is overdag niet te zien. Hij spreidt zijn fijne tentakels uit om voedsel te vangen. 's Nachts vangt en consumeert het extreem lichtgevoelige dier zijn prooi en zodra het door nachtelijke duikers wordt gestoord, trekt het zich terug in de koker.

Röhrenanemone
Arachnanthus nocturnus

Diese Anemone bewohnt schmale Röhren im Sand und fällt tagsüber nicht auf. Sie breitet ihre feinen Tentakel aus, um Nahrung zu fangen. Das extrem lichtempfindliche Tier fängt und verzehrt seine Beute nachts. Wenn es von nächtlichen Tauchern gestört wird, zieht es sich in seine Röhre zurück.

99

Spotted Cleaner Shrimp
Periclimenes yucatanicus

The interesting relationship between shrimps and anemones is a symbiotic one. The tentacles that encircle the anemone mouth are equipped with stinging cells that paralyze prey. The shrimp's role is to mimic cleaning signals and lure cooperative fish within the anemone's grasp. The shrimp gets the leftovers!

Gevlekte Schoonmaakgarnaal
Periclimenes yucatanicus

De interessante relatie tussen garnalen en anemonen is symbiotisch. De tentakels rondom de mond van de anemoon hebben prikkende cellen die de prooi verlammen. De garnaal bootst schoonmaaksignalen na om behulpzame vissen naar de anemoom te lokken. De garnaal krijgt de restjes!

Gefleckte Putzergarnale
Periclimenes yucatanicus

Diese Garnelen und Seeanemonen unterhalten eine interessante symbiotische Beziehung. Die Tentakel an der Öffnung der Seeanemone haben Stechzellen, die die Beute lähmen. Die Garnele imitiert Putzersignale, um interessierte Fische zur Seeanemone zu locken. Die Garnele bekommt dann die Reste!

100

Green Moray
Gymnothorax funebris

It is unusual to find a pair of morays peacefully nestled together. Not blessed with strong vision, moray eels have a superior sense of smell. As water moves through the large nostrils on the snout and exits via small canals near the eyes, the olfactory process easily alerts the eel to the presence of nearby prey.

Groene Murene
Gymnothorax funebris

Het is ongebruikelijk om een paar murenen vreedzaam bij elkaar aan te treffen. Murenen hebben een matig gezichtsvermogen, maar wel een uitstekende reukzin. Aangezien ze via de grote neusgaten water binnenkrijgen, dat door kanaaltjes bij de ogen weer wordt uitgestoten, worden ze door dit reukproces snel op een aanwezige prooi geattendeerd.

Grüne Muräne
Gymnothorax funebris

Es passiert selten, daß man eine friedfertige Gruppe Muränen sieht. Muränen sehen schlecht, riechen jedoch desto besser. Sie nehmen mit den großen Nasenlöchern Wasser auf, das über Kanäle in Augennähe wieder ausströmt. Dieser spezielle Geruchsaufnahmeprozeß ermöglicht die sehr schnelle Witterung einer Beute.

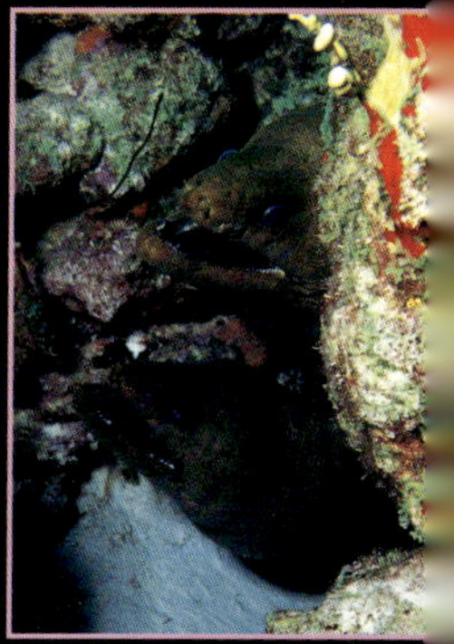

101

102

"Photo Fever"

Underwater photographers are able to share the beauty of sea life through unique images. The capability to document species and behavior is an artistic ability gained through years of practice and education. A skilled photographer visits the underwater realm and causes no damage to fragile corals and marine life.

"Photo Fever"

Onderwaterfotografen maken anderen met hun unieke opnamen deelgenoot van de wonderen van de zee. De kunst om de diersoorten en hun gedrag vast te leggen is een artistieke prestatie van formaat, waaraan jarenlange oefening voorafgaat. Een vakkundige fotograaf gaat zorgvuldig te werk, zonder de kwetsbare koralen en de overige flora en fauna te beschadigen.

"Photo Fever"

Unterwasserfotografen verschaffen mit ihren außergewöhnlichen Fotos einen Einblick in die Wunder des Meeres. Die Kunst, Tierarten und ihr Verhalten festzulegen, ist eine große künstlerische Leistung, die jahrelange Übung erfordert. Ein professioneller Fotograf arbeitet verantwortungsbewußt, ohne die Korallen und die übrige Flora und Fauna zu zerstören.

103

Fairy Basslet
Gramma loreto

Glance beneath coral ledges to view a darting school of brilliant purple and yellow fish. Tiny gatherers of plankton, the defensive movements of basslets protect their territory and the nutrient rich water current flowing through it.

Koningsgramma
Gramma loreto

Een kijkje onder de koraalrichels met een voorbijschietende school paarse en gele vissen. De defensieve bewegingen van koningsgramma's, de piepkleine oogsters van plankton, dienen ter verdediging van hun territorium en de waterstroom met veel voedingsstoffen die er doorheen stroomt.

Königs-Feenbarsch
Gramma loreto

Ein Blick unter die Korallenstöcke, mit einer vorüberschnellenden Schule violetter und gelber Fische. Die Feenbarsche, winzige Planktonsammler, machen defensive Bewegungen, die ihr Revier schützen müssen, sowie den dort hindurchströmenden nährstoffreichen Wasserstrom.

104

Flamingo Tongue
Cyphoma gibbosum

The majority of mollusks do have shells. Personally created, the shell continues to develop as the snail matures and ages, and in effect, is a mobile home. Retracting the beautifully patterned body into the shell's protective embrace protects the vulnerable mantle, or skin, and delicate tentacles.

Flamingotong
Cyphoma gibbosum

De meeste weekdieren hebben een schelp. Deze wordt door het dier zelf gevormd, blijft doorgroeien naarmate de slak groter wordt en is feitelijk een mobiele behuizing. Doordat het dier zijn lijf met de prachtige tekening in de schelp terugtrekt, worden de kwetsbare mantel of huid en de fijne tentakels beschermd.

Flamingozunge
Cyphoma gibbosum

Die meisten Weichtiere besitzen eine Schale. Das Tier produziert dieses Gehäuse selbst; es handelt sich eigentlich um einen mobilen Wohnsitz. Wenn das Tier seinen schön gemusterten Körper in das Gehäuse zurückzieht, sind die empfindliche Haut und die feinen Tentakel geschützt.

105

Flamingo Tongue
Cyphoma gibbosum
Christmas Tree Worm
Spirobranchus giganteus

The plume-like branches of soft corals shelter many invertebrates. Some are innocuous, just hiding or gaining elevation, while others, like the flamingo tongue snail, are parasitic invaders. Creeping on its leathery foot, the tubal mouth ingests the coral polyps. The coral can usually recolonize the damaged area, but multiple snails can kill the entire host.

Flamingotong
Cyphoma gibbosum
Spiraal-kokerworm
Spirobranchus giganteus

De takken van zachte koralen vormen een schuilplaats voor ongewervelde dieren. Sommige zijn ongevaarlijk en verbergen zich alleen maar, terwijl andere, zoals de flamingotong, parasitische indringers zijn. Kruipend op zijn leerachtige voet haalt hij met zijn buisvormige bek de poliepen binnen. Het koraal is doorgaans in staat om het aangetaste gebied opnieuw te bevolken, maar grote aantallen slakken kunnen de complete populatie vernietigen.

Flamingozunge
Cyphoma gibbosum
Spiralröhrenwurm
Spirobranchus giganteus

Wirbellose Tiere finden unter Weichkorallenzweigen Unterschlupf. Einige harmlose Tiere verstecken sich nur. Andere, wie die Flamingozunge, sind parasitäre Eindringlinge. Sie kriecht auf ihrem lederartigen Fuß und frißt mit ihrem röhrenförmigen Maul Polypen. Die Koralle kann befallene Stellen meistens neu bevölkern, eine Gruppe Schnecken kann jedoch eine gesamte Population vernichten.

Caribbean Reef Squid
Sepioteuthis sepioidea

Flaring fins gently ripple and move the squid slowly through the water. Possessing color cells, when startled they may instantly turn black - perhaps to startle an avid watcher in turn. As quickly, they will become translucently invisible. A too close approach warrants a confusing jet of ink and rapid escape.

Rif Pijlinktvis
Sepioteuthis sepioidea

De vinnen golven zachtjes op en neer en duwen de inktvis langzaam door het water. Hij bezit kleurencellen en zodra hij bang wordt, wordt hij meteen zwart - vermoedelijk om op zijn beurt een gretige opponent schrik aan te jagen. En al even snel kunnen ze kleurloos worden. Wie te dichtbij komt, kan rekenen op een straal inkt en een bliksemsnelle ontsnapping.

Rifftintenfisch
Sepioteuthis sepioidea

Die Flossen wogen sanft auf und ab und bewegen den Tintenfisch langsam durchs Wasser. Seine Farbzellen werden aktiv, sobald er sich bedroht fühlt, er wird dann sofort schwarz - vermutlich um einen gefräßigen Gegner zu erschrecken. Genauso plötzlich kann er farblos und durchsichtig werden. Wer ihm zu Nahe kommt, riskiert einen Tintenstrahl und erlebt eine blitzschnelle Flucht.

106

Keeltail Needlefish
Playbelone argalus

Hovering just beneath the water's surface, the slender torpedo-shaped needlefish patiently observes the plankton feeders. To stray too far from the safety of the school is a sure path to the needlefish's stomach. Snorkelers and divers can easily find the needlefish close to shore in shallow water.

Naaldvis
Playbelone argalus

De net onder het wateroppervlak zwemmende naaldvis houdt de planktoneters geduldig in de gaten. Wie te ver afdwaalt van de veilige school, belandt gegarandeerd in de maag van de naaldvis. Voor duikers is de naaldvis gemakkelijk te vinden, dichtbij de kust in ondiep water.

Kielschwanz Hornhecht
Playbelone argalus

Der Hornhecht, der direkt unter der Wasseroberfläche schwimmt, beobachtet geduldig die Planktonfresser. Wer sich zu weit von der schützenden Schule entfernt, landet garantiert im Magen des Hornhechts. Taucher finden den Hornhecht problemlos in Küstennähe, im seichten Wasser.

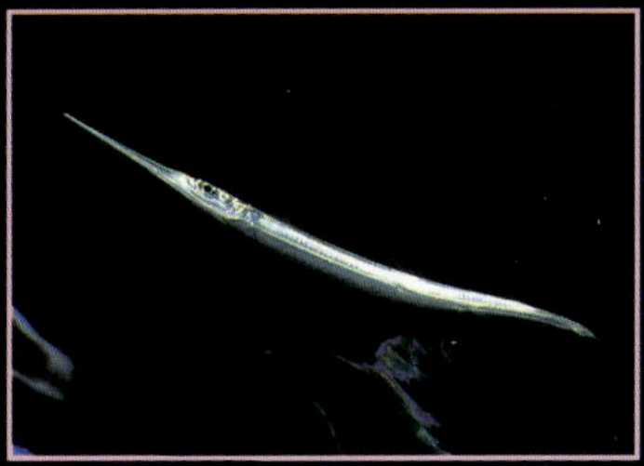

107

Orange

109

"Nature's Palette"

Indescribably beautiful, daubed with all hues, Bonaire beneath the sea is a masterpiece. Texture, pattern, colour, and lyrical movement delight the senses and soothe the soul.

'Nature's Palette'

De onderwaterwereld van Bonaire is een meesterwerk in alle mogelijke kleurschakeringen. Vorm, kleur en beweging zijn een lust voor het oog en rustgevend.

'Nature's Palette'

Die Unterwasserwelt Bonaires ist ein Meisterwerk, das sämtliche Farbtöne enthält. Form, Farbe und Bewegung sind eine Augenweide und wirken beruhigend.

110

Bigeye
Priacanthus arenatus

By moonlight, bigeyes and squirrelfish are grey ghosts haunting the shallow reef. Artificial light startles the busy nocturnal hunters, but reveals the beautiful red colouring. Sunlight is a mixture of all colours, and as water absorbs light, colours gradually fade to blue and grey. Red and orange are only intense in shallow water on a bright sunny day.

Grootoog
Priacanthus arenatus

In de maneschijn zijn grootogen en eekhoornvissen grijze geesten die in het ondiepe rif rondwaren. Kunstlicht verschrikt de nijvere nachtelijke jagers, maar openbaart de prachtige rode kleur. Zonlicht is een mengeling van alle kleuren en doordat het water licht absorbeert, veranderen de kleuren geleidelijk in blauw en grijs. Rood en oranje komen alleen maar duidelijk uit in ondiep water op een heldere zonnige dag.

Roter Großaugenbarsch
Priacanthus arenatus

Im Mondschein gleichen Großaugenbarsche und Husaren grauen Geistern, die durchs Riff spuken. Kunstlicht erschreckt die nächtlichen Jäger, ihr schönes Rot kommt jedoch besser zur Geltung. Da die Spektralfarben des Sonnenlichts im Wasser ausgefiltert werden, verblassen diese in größerer Tiefe zu blau und grau. Rot und orange sind nur im flachen Wasser, an einem sonnigen Tag, deutlich zu sehen.

111

Ruby Brittle Star
Ophioderma rubicundum
Gaudy Brittle Star
Ophioderma ensiferum

Nocturnal creatures, brittle stars are impossible to observe during the day. Tucked deep in coral recesses or under debris, they hide from eager predators and only creep out at night. Without sunlight to reveal their bright colouring, they seem to be only shifting shadows.

Rode Brokkelster
Ophioderma rubicundum
Brokkelster
Ophioderma ensiferum

De brokkelster krijgen we overdag niet te zien. Hij verstopt zich in nissen of onder puin voor begerige vijanden en vertoont zich alleen 's nachts. Zonder zonlicht om zijn bonte kleuren te openbaren lijkt hij op niets meer dan een bewegende schaduw.

Schlangenstern
Ophioderma rubicundum
Zerbrechlicher Schlangenstern
Ophioderma ensiferum

Tagsüber kann man Schlangensterne nicht beobachten. Sie verstecken sich vor ihren gefräßigen Feinden in Nischen oder unter Schutt, und zeigen sich nur nachts. Ohne Sonnenlicht, das ihre schillernden Farben akzentuiert, gleichen sie bewegenden Schatten.

112

Gaudy Brittle Star
Ophioderma ensiferum

Observation of the reef and its inhabitants at night is a complete contrast to daytime activity. Patterns of behavior change as the daytime reef shuts down and the active night species get going. More herbivores forage by day, but carnivores rule the night, searching for vulnerable invertebrates like the brittle stars.

Brokkelster
Ophioderma ensiferum

Een nachtelijk bezoek aan het rif onthult een geheel ander onderwaterleven dan overdag. De gedragspatronen veranderen, zodra de zon onder gaat en de 's nachts actieve diersoorten ontwaken. Overdag zijn het veelal herbivoren die foerageren, maar 's nachts heersen de carnivoren, op zoek naar kwetsbare ongewervelde dieren zoals de brokkelster.

Zerbrechlicher Schlangenstern
Ophioderma ensiferum

Ein nächtlicher Riffbesuch enthüllt ein völlig anderes Unterwasserleben als am Tage. Die Verhaltensmuster verändern sich, sobald die Sonne untergeht. Tierarten, die nachtaktiv sind, erwachen. Tagsüber sehen wir viel Herbivore, nachts herrschen jedoch die Karnivore, die auf der Jagd nach ungewirbelten Tieren, wie dem Schlangenstern sind.

Orange Cup Coral
Tubastrea coccinea

Delicate tentacles surround the central mouth of a coral polyp. Fully extended to feed on plankton, a colony of fragile orange cup coral resembles a floral bouquet. Preferring shady areas, this species is quite common throughout Bonaire, and night diving on wrecks or piers is a journey through an enchanted garden.

Roosjeskoraal
Tubastrea coccinea

Om de mond van een koraalpoliep zitten fijne tentakels. Een kolonie roosjeskoraal, volledig uitgespreid voor het consumeren van plankton, lijkt veel op een bos bloemen. Deze soort, die een donkere locatie verkiest, komt veel voor op Bonaire, en een nachtelijke duiktocht bij wrakken of pieren is een reis door een schitterende tuin.

Tubastrea coccinea

An der Öffnung des Korallenpolypen befinden sich feine Tentakel. Eine Tubastrea coccinea-Kolonie - die Tentakel ausgestreckt, um Plankton zu filtern - ähnelt einem Blumenstrauß. Diese Gattung, die einen dunklen Standort bevorzugt, ist auf Bonaire häufig. Ein Nachttauchgang bei Wracks oder Molen ist eine Reise durch einen phantastischen Garten.

113

Christmas Tree Worm
Spirobranchus giganteus
Blade Fire Coral
Millepora complanata

Fire coral is actually a hydroid colony. Like coral, the hydroid secretes a calcareous skeleton to support the polyps. Connected one to the other beneath the skeleton, the gastric and nervous systems are shared by the colony. Distinctive orange/yellow with white edges, hair-like stinging polyps inflict burning welts.

Spiraal Kokerworm
Spirobranchus giganteus
Vuurkoraal
Millepora complanata

Vuurkoraal is feitelijk een kolonie hydroïden. Evenals koraal scheidt de kolonie een kalkhoudend skelet af om de poliepen in stand te houden. De onder het skelet met elkaar verbonden maag- en zenuwstelsels worden door de kolonie gedeeld. De op een haar lijkende stekende poliepen - opvallend oranjegeel met witte randen - veroorzaken brandende striemen.

Spiralröhrenwurm
Spirobranchus giganteus
Millepora complanata

Feuerkorallen sind Baumkorallen. Baumkorallen produzieren, wie andere Korallen, ein Kalkskelett, das die Polypen stützt. Die Baumkoralle teilt sich Verdauungs- und Nervensysteme, die unter dem Skelett miteinander verbundenen sind. Stechpolypen, die einem Haar ähneln - auffallend orangegelb mit weißen Rändern - hinterlassen brennende Striemen.

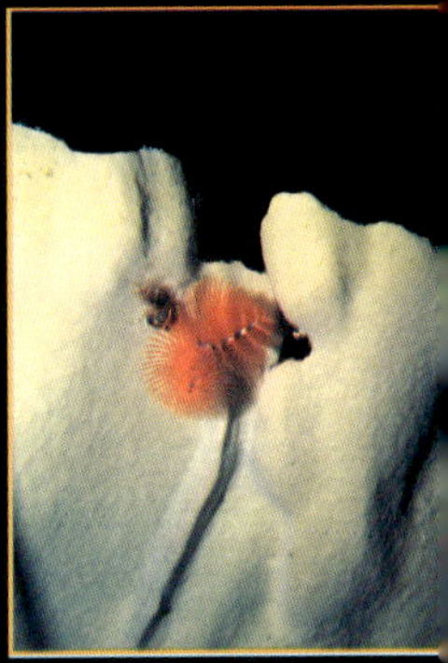

114

Seaweed Blenny
Parablennius marmoreus

Peering curiously from a safe niche, the seaweed blenny prefers shallow reefs. Too tiny for battle, its greatest defense is the ability to present a confusing, mottled appearance difficult to distinguish from its habitat. Its motionless behavior, general colour, fine blue lines and plant-like cirri blend perfectly with the reef.

Zeewier Slijmvis
Parablennius marmoreus

De op een veilig plekje nieuwsgierig in het rond turende zeewier slijmvis verkiest ondiepe riffen. Hij is te klein om te vechten en zijn beste verdediging is het aannemen van een misleidende gedaante die moeilijk van zijn habitat te onderscheiden is. Zijn onbeweeglijkheid, onopvallende kleur en fijne blauwe strepen vormen één geheel met het rif.

Algen-Kammzähner
Parablennius marmoreus

Der Algen-Kammzähner, der an einem sicheren Plätzchen neugierig Ausschau hält, zieht flache Riffe vor. Zum kämpfen ist er zu klein, sein Schutz ist seine verwirrende Tarnung, die von der Umgebung kaum zu unterscheiden ist. Sowohl seine Regungslosigkeit, als auch seine unauffällige Farbe und die dünnen blauen Streifen machen ihn auf dem Riff unsichtbar.

115

"Enchanted"

The rainforest and the coral reef are the most intricate ecosystems on the planet. Innumerable complex relationships mesh to create an underwater tropical paradise. For lush and healthy reef development, coral polyps must flourish. Critical factors are temperature, visibility, water movement and an appropriate substrate. Luckily, all requirements are met in Bonaire.

"Enchanted"

Regenwoud en koraalrif zijn 's werelds meest gecompliceerde ecosystemen. Ontelbare ingewikkelde en precies op elkaar afgestemde relaties creëren een tropisch onderwaterparadijs. Een gezond rif vereist goed gedijende poliepen. Essentiële factoren zijn temperatuur, zicht, stroming en ondergrond. Gelukkig voldoet Bonaire aan alle eisen.

"Enchanted"

Der Regenwald und das Korallenriff sind die kompliziertesten Ökosysteme der Welt. Unzählige komplexe und genauestens aufeinander abgestimmte Beziehungen schaffen ein tropisches Unterwasserparadies. Ein gesundes Riff braucht gut gedeihende Polypen. Wesentliche Faktoren sind Temperatur, Sicht, Strömung und Untergrund. Es ist erfreulich, daß Bonaire allen Anforderungen genügt.

116

117

Trumpetfish
Aulostomus maculatus
Scattered Pore Rope Sponge
Aplysina fulva

There is only one species of Caribbean trumpetfish. Most often stippled brown, it is common to notice yellow or blue phases that blend with the colouring of parrotfish and blue tangs. Cruising with these grazers, the trumpetfish is concealed and sneaks up on small fish. This interesting behavior is called "shadow-stalking."

Trompetvis
Aulostomus maculatus
Touwspons
Aplysina fulva

Er is maar één soort trompetvis in het Caribisch gebied. Hij heeft meestal bruine stippels, maar kent tevens gele of blauwe fases, om niet op te vallen tussen de papegaaivissen en de blauwe doktersvissen. Al rondzwemmend met deze "grazers"is de trompetvis goed gecamoufleerd en loert hij op kleine vissen. Dit interessante gedrag noemen we "schaduw-sluipen".

Atlantik-Trompetenfisch
Aulostomus maculatus
Becherschwamm
Aplysina fulva

Es gibt nur eine Art des Karibischen Trompetenfisches. Meistens hat er braune Tupfen, manchmal jedoch auch gelbe oder blaue, um zwischen den Papagaienfischen und Blauen Doktorfischen weniger aufzufallen. Wenn er zwischen diesen "Grasern"schwimmt, ist der Trompetenfisch gut getarnt, und lauert er kleinen Fischen auf. Dieses interessante Verhalten nennt man "shadow-stalking".

118

"Deepwater Fantasy"

Deep rose pigments saturate the splendid deepwater fan. This gorgonian is an intricate colony of individual coral polyps and prefers greater depths along a coral wall. Many animals, such as the black and white crinoid, climb the fan to reach open water currents rich with plankton. Tiny translucent shrimp and clingfish may be observed traveling along the branches.

"Deepwater Fantasy"

Diep roze tinten doordrenken de diepwatergorgoon. Deze gorgoon is een kolonie van afzonderlijke poliepen, die grotere diepten verkiest bij een koraalwand. Verscheidene dieren, zoals de zwartwitte haasster, klimmen in de waaier om in de plankton-rijke stroming te komen. Men kan kleine doorschijnende garnalen en kleefvis over de takken zien kruipen.

"Deepwater Fantasy"

Die Iciligorgia schrammi hat sattrosa Pigmente. Diese Gorgonie besteht aus einer Kolonie verschiedener Polypen, die die größeren Tiefen der Korallenwand vorziehen. Einige Tiere, wie der schwarzweiße Federstern, klettern in die Arme, um in die Nähe der planktonreichen Wasserströmungen zu gelangen. Man sieht kleine, durchsichtige Garnelen und Klebefische die über die Zweige kriechen.

119

Red Reef Hermit Crab
Paguristes cadenati

Adventurous hermit crabs explore the reef's nooks and crannies, and sometimes, even its higher points. At the first sign of danger, the crab retreats into an indestructible shell house. Tumbling down into a sponge vase is not so bad. The crab can easily climb out as his sharp pincers bite into the soft sponge tissue.

Rode Rifheremiet
Paguristes cadenati

Avontuurlijke heremietkreeften verkennen de beschutte plekjes en soms zelfs hoger gelegen punten. Bij dreigend gevaar trekt de kreeft zich terug in een onverwoestbare schelp. Het is niet zo erg om in een sponsbeker te belanden. De kreeft klimt er gemakkelijk weer uit, door zijn scherpe scharen in het zachte weefsel van de spons te zetten.

Roter Riffeinsiedlerkrebs
Paguristes cadenati

Abenteuerliche Einsiedlerkrebse erkunden geschützte Orte, und manchmal sogar höher gelegene Stellen. Wenn Gefahr droht, zieht sich der Krebs in eine sichere Muschel zurück. Es ist kein Problem, wenn er in einer Schwammöffnung landet. Der Krebs klettert mühelos wieder heraus, indem er seine scharfen Scheren in das weiche Gewebe des Schwamms setzt.

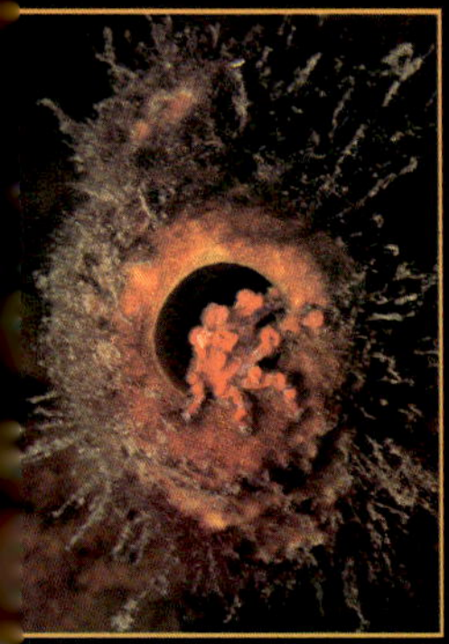

120

Cryptic Teardrop Crab
Pelia mutica

Many reef dwellers conceal themselves by carrying debris or even other creatures. Several species of crabs attach living sponges or hydroids to their bodies and legs. They are known as decorator crabs and are very difficult to find. "Cryptic colouration" blends with the background and disguises the crab's shape.

Cryptic Teardrop Crab
Pelia mutica

Veel rifbewoners camoufleren zichzelf door afval of zelfs andere dieren met zich mee te dragen. Verscheidene krabben hechten levende sponzen aan hun lijf en poten vast. Ze heten decoratie krabben en zijn heel moeilijk te vinden. De schutkleuren harmoniëren met de achtergrond en maken het dier onherkenbaar.

Pelia mutica

Manche Riffbewohner tarnen sich mit Abfall, oder sogar, indem sie andere Tiere mit sich herumtragen. Etliche Krebse kleben lebende Schwämme auf ihren Körper und ihre Beine, sie sind darum fast unsichtbar. Die Schutzfarben harmonieren mit dem Hintergrund und tarnen den Krebs.

"Trapunto"

Encrusting sponges are a photographer's delight, often adding brilliant colour to an otherwise dull landscape. Sponges will typically encrust on dead coral skeletons, abandoned anchors, and other reef debris. Sponges, spread like a patchwork quilt, add pattern and texture to the reef, as well as lend shelter to a number of species.

"Trapunto"

Sponzen zijn vanwege de schitterende kleuren een geliefd object voor fotografen. Sponzen zetten zich gewoonlijk vast op dode koraalskeletten, oude ankers en ander rifafval. De als een lappendeken uitgespreide sponzen geven het rif zijn gevarieerde karakter en zijn een schuilplaats voor diverse diersoorten.

"Trapunto"

Schwämme sind wegen ihrer schillernden Farben beliebte Fotomotive. Sie finden oft Halt auf toten Korallenskeletten, alten Ankern und anderem Riffabfall. Die Schwämme liegen wie eine schmückende Flickendecke über dem Riff, zugleich sind sie Unterschlupf für viele Tierarten.

12

"Cleaning Station I"

The spotted moray is just as eager to be cleaned as any other reef fish. The banded coral shrimp calmly moves along the eel's soft skin, removing irritating parasites and receiving a meal in return. The "cleaning station," as a symbiotic relationship between particular reef inhabitants, is most intriguing, and well worth observing.

"Cleaning Station I"

De gevlekte murene wil net zo graag schoongemaakt worden als elke andere rifvis. De gestreepte koraalgarnaal kruipt rustig over de zachte huid van de murene om hinderlijke parasieten te verwijderen en als tegenprestatie een maaltijd te ontvangen. Het schoonmaakstation als symbiotische relatie tussen bepaalde rifbewoners is zeer boeiend.

"Cleaning Station I"

Auch die gefleckte Muräne will, wie die anderen Riff-Fische, gern geputzt werden. Die Garnele kriecht ruhig über die weiche Haut des Aals, um störende Parasiten zu entfernen, sie bekommt als Gegenleistung eine Mahlzeit. Diese symbiotische Beziehung, die einige Riffbewohner unterhalten, ist sehr faszinierend.

12

"Cleaning Station II"

One of the more awesome sights on the reef is the formidable grouper docilely spreading wide its jaws and gills. His motionless body close to the station is a peaceful request for assistance. In response to this obvious ceasefire, the gobies leave the reef and move safely within the grouper gobbling up parasites and organic debris.

"Cleaning Station II"

Een ontzagwekkende aanblik biedt de geduchte zeebaars die zijn kaken en kieuwen uitspreidt. Zijn bewegingsloze lijf dicht bij het schoonmaakstation is een vreedzaam verzoek om bijstand. Als reactie op dit duidelijke staakt-het-vuren verlaten de poetsgrondels het rif en gaan veilig de zeebaars binnen om parasieten en organisch afval op te peuzelen.

"Cleaning Station II"

Der furchterregende Zackenbarsch, der fügsam sein Maul aufsperrt und seine Kiemen hinhält, ist ein überwältigender Anblick. Sein regungsloser Körper ist ein friedfertiger Hilferuf. Der deutliche Waffenstillstand veranlaßt die Grundeln, das Riff zu verlassen, um im Maul des Zackenbarsches gefahrlos Parasiten und organischen Abfall zu verschmausen.

12

Banded Butterflyfish
Chaetodon striatus

Designed by nature to confuse predators, the butterflyfish's characteristic black and white stripes run through the eyes and body. The banding helps the body shape harmonize with reef structures, especially gorgonians, and disguises the direction in which the fish may flee. Predators choose a more easily identified target.

Gestreepte Koraalvlinder
Chaetodon striatus

De koraalvlinder is geschapen om roofvissen te misleiden. De zwarte en witte strepen lopen over de ogen en het lijf. Ze dienen ervoor om de lichaamsvorm te laten harmoniëren met de rifstructuren en maskeren de vluchtrichting van de vis. Roofvissen verkiezen een gemakkelijker te herkennen doelwit.

Gestreifter Falterfisch
Chaetodon striatus

Der Falterfisch kann Raubfische ausgezeichnet täuschen. Die schwarzen und weißen Streifen, die über die Augen und den Körper laufen, tarnen die Körperform, die mit den Riffstrukturen harmoniert, sowie die Fluchtrichtung des Fisches. Raubfische suchen sich unkompliziertere Opfer.

12

125

"Jardin Tropical"

The tropical coral reef is a like a lovely underwater garden. Sunshine brightens the kaleidoscopic panorama, as soft coral branches sway with the water's movement and vibrant sponges decorate the contours of the reef. Attached to the substrate and lacking independent movement, this abundance of life, so floral in appearance is, in fact, mostly fauna.

'Tropische Tuin'

Het tropische koraalrif is een prachtige onderwatertuin. De zonneschijn verlicht het caleidoscopische panorama met de op en neer wiegende takken van de zachte koralen en sponzen die de contouren van het rif sieren. Deze aan de bodem vastgehechte overvloed aan leven, die zo floraal aandoet, bestaat feitelijk merendeels uit fauna.

'Jardin Tropical'

Das tropische Korallenriff gleicht einem schillernden Unterwassergarten. Das Sonnenlicht fällt auf dieses kaleidoskopische Panorama, auf die auf und ab wiegenden Zweige der Weichkorallen, sowie auf die Schwämme, die das Riff schmükken. Diese am Boden haftende, üppig blühende Pracht ist in Wirklichkeit überwiegend Fauna.

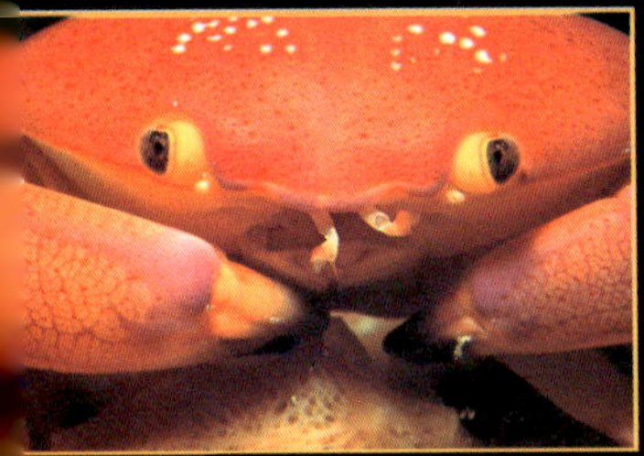

126

Batwing Coral Crab
Carpilius corallinus

Hidden away beneath the protective ledges and crevices of mountainous corals and rocky areas by day, the vivid orange crab is active at night. Powerful crusher claws are used for protection and to guide food to the mouth. In defense, the crab will raise its claws in a threatening manner and move towards a hiding place.

Vleermuiskrab
Carpilius corallinus

Deze levendige oranje krab verstopt zich overdag onder de richels en in spleten van koralen en is 's nachts actief. De sterke scharen dienen als bescherming en om voedsel naar de bek te brengen. Het dier steekt ter verdediging zijn scharen op een dreigende manier omhoog, terwijl het een goed heenkomen zoekt.

Korallenkrabbe
Carpilius corallinus

Der lebhafte, nachtaktive oranje kleurige Krebs versteckt sich tagsüber unter Vorsprüngen und in Korallenspalten. Die kräftigen Scheren dienen zur Verteidigung und befördern Nahrung zum Maul. Das Tier verteidigt sich, indem es seine Scheren drohend aufrichtet und dann das Weite sucht.

127

Arrow Shrimp
Tozeuma carolinense
Feather Black Coral
Antipathes pennacea

Whether a giant brain coral or a delicate feather black coral, all colonies provide shelter for fish and invertebrates. Unlike the calcareous hard corals, black coral skeletons, formed from protein, are flexible, and non-retractable polyps colonize on the skeleton. The translucent arrow shrimp comfortably moves along the branches.

Pijlgarnaal
Tozeuma carolinense
Gevederd Zwart Koraal
Antipathes pennacea

Of het nu een hersenkoraal of een gevederd zwart koraal is - alle kolonies bieden beschutting aan vissen en ongewervelde dieren. In tegenstelling tot de kalkhoudende harde koralen zijn de zwarte, door proteïne gevormde koraalskeletten buigzaam. Er huizen poliepen op. De doorschijnende pijlgarnaal "wandelt"gemakkelijk over de takken.

Pfeilgarnele
Tozeuma carolinense
Schwarze Koralle
Antipathes pennacea

Egal welche Korallenart - alle Kolonien gewähren Fischen und wirbellosen Tieren Schutz. Im Gegensatz zu den kalkhaltigen Steinkorallen sind die schwarzen, aus Protein bestehenden Korallenskelette biegsam. Hierauf siedeln Polypen. Die durchscheinende Garnelenart Tozeuma carolinense "spaziert" mühelos über die Zweige.

128

Bearded Fireworm
Hermodice carunculata

A segmented worm, the fireworm has an appropriate common name and should not be touched. The white bristles are poisonous spicules that penetrate the skin and inflict severe, burning pain. The fireworm engulfs its prey, secreting enzymes to dissolve and digest it. Gorgonians, hard corals, and even fire coral are vulnerable to this efficient predator.

Vuurworm
Hermodice carunculata

De uit segmenten bestaande vuurworm draagt een passende naam. Raak hem niet aan. De witte borstels zijn giftige naaldjes die in de huid dringen en een hevige, brandende pijn veroorzaken. De prooi van de vuurworm wordt door middel van uitscheiding van enzymen verteerd. Gorgonen, harde koralen, en zelfs vuurkoraal zijn het doelwit van deze rover.

Feuerwurm
Hermodice carunculata

Der aus Segmenten bestehende Feuerwurm trägt seinen Namen zurecht. Nicht berühren! Die weißen Borsten sind giftige Stacheln, die in die Haut eindringen, und einen stark brennenden Schmerz hinterlassen. Der Feuerwurm verdaut seine Beute, indem er Enzyme absondert. Die Beute dieses Räubers sind Gorgonien, Steinkorallen und sogar Feuerkorallen.

Blue Tang (Juvenile)
Acanthus coeruleus

The shallow sea floor and coral rubble are carpeted with algae. An enjoyable sight for snorkelers and divers is a foraging school of mixed blue tangs, surgeonfish and doctorfish. Grazers remove algae growths, leaving space for young coral polyps to develop. The juvenile tang shelters in the reef until large enough to safely join a school.

Blauwe Doktersvis (onvolgroeid)
Acanthus coeruleus

De bodem van het ondiepe water en brokstukken van koralen zijn 'bekleed' met algen. Een leuk gezicht voor duikers is een school doktersvissen. Deze grazers verwijderen de algen en maken zodoende de plaats voor jonge poliepen. De jonge doktersvis zoekt beschutting in het rif, totdat hij groot genoeg is om zich veilig bij een school aan te sluiten.

Blauer Doktorfisch (jung)
Acanthus coeruleus

Algen haben im seichten Wasser den Meeresboden und Korallenbruchstücke überzogen. Für Taucher ist eine Schule blauer Doktorfische und Chirurgenfische ein prächtiger Anblick. Graser fressen Algen und schaffen Platz für junge Polypen. Der junge Doktorfisch findet im Riff Unterschlupf, bis er groß genug ist, sich einem Schwarm anzuschließen.

12

Crab, species unknown
Spotted Porcelain Crab
Porcellana sayana

It is quite common for very small crabs like the spotted porcelain crab to live on another creature. Mollusks, hermit crabs and other true crabs often play host by providing free room, board, and transportation. It is a symbiotic relationship called commensalism - one organism benefits while the other receives no benefits nor is harmed.

Krab, (soort onbekend)
Porceleinkrab
Porcellana sayana

Heel kleine krabben, zoals de porceleinkrab leven dikwijls bovenop een ander dier. Weekdieren, heremietkreeften en andere kreeften spelen vaak voor gastheer - ze verstrekken gratis kost en inwoning alsmede vervoer. Het is een symbiotische relatie die we commensalisme noemen - één organisme profiteert, terwijl het andere noch voordelen noch nadelen ondervindt.

Krebs, unbekannte Art
Porzellankrabbe
Porcellana sayana

Winzige Krebse, wie diese gefleckte Porzellankrabbe, leben oft auf einem anderen Tier. Die Wirte sind Weichtiere, Einsiedlerkrebse oder andere Krebse - sie liefern gratis Unterkunft, Verpflegung und Beförderung. Diese symbiotische Beziehung heißt Kommensalismus - ein Organismus profitiert, der andere hat weder Nutzen noch Schaden davon.

130-13

"Art of Camouflage I"

This tiny shrimp has uniquely adapted to live in close association with the black and white crinoid. Perfect size and colouration have rendered it virtually indistinguishable from the white-tipped pinnules on the feathery arms. A commensal relationship, the shrimp is concealed, yet able to forage plankton in the open water.

"Art of Camouflage I"

Deze kleine garnaal heeft zich aangepast aan een leven in gezelschap van de zwartwitte haasster. Door het ideale formaat en de tekening is het dier vrijwel niet te onderscheiden de vederlichte armen. Binnen de commensale relatie is de garnaal verborgen, maar toch in staat om plankton te zoeken in open water.

"Art of Camouflage I"

Diese kleine Garnele hat sich an ein Leben mit dem schwarzweißen Federstern angepaßt. Aufgrund ihres Formats und ihrer Zeichnung ist sie auf den federleichten Armen kaum zu sehen. Innerhalb dieser kommensalen Beziehung lebt die Garnele versteckt, sie ist jedoch in der Lage, im Wasser nach Plankton zu suchen.

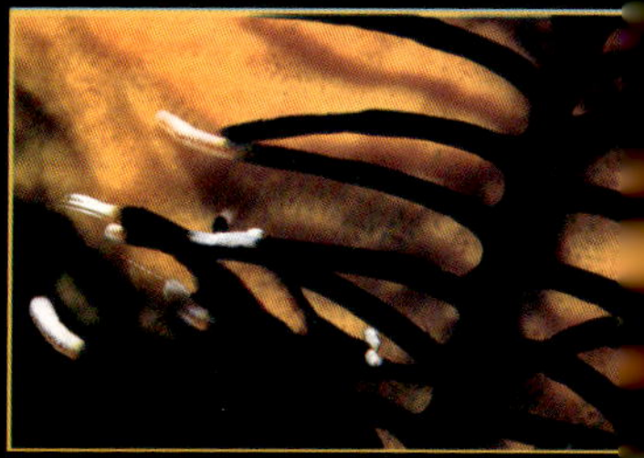

13

"Art of Camouflage II"

The giant basket star shelters this tiny commensal shrimp. Adapted colouring perfectly disguises the shrimp and the basket star is a good host. Resting on the branches of gorgonians high off the reef, its arms stretch out to feed on plankton through the night. The shrimp cleans the body of the host and also dines on plankton.

"Art of Camouflage II"

Het reusachtige medusahoofd biedt onderdak aan deze kleine commensale garnaal. De aangepaste tekening vermomt de garnaal uitstekend en de medusahoofd is een goede gastheer. 's Nachts strekt hij op de takken van gorgonen zijn armen uit om zich met plankton te voeden. De garnaal reinigt het lichaam van de gastheer en voedt zich eveneens met plankton.

"Art of Camouflage II"

Das Medusenhaupt gewährt der kleinen kommensalen Garnele Unterschlupf. Die Zeichnung der Garnele ist eine hervorragende Tarnung auf dem Medusenhaupt, das wiederum ein guter Wirt ist. Nachts breitet es auf den Zweigen von Gorgonien seine Arme aus, um Plankton zu weiden. Die Garnele putzt den Körper des Wirtes und frißt ebenfalls Plankton.

13

134

Marbled Grouper
Epinephelus inermis

This member of the grouper family is quite large, yet very shy. When stalking prey, the marbled pattern and ability to lighten and darken its skin effectively blend the fish with the environment. Groupers eat many types of fish, and their presence naturally regulates fish populations; reef ecology is upset by overpopulation.

Gemarmerde Zeebaars
Epinephelus inermis

Dit lid van de zeebaars-familie is behoorlijk groot, maar toch heel schuw. Op zoek naar prooi zorgen de marmerachtige tekening en het vermogen om zijn huid lichter en donkerder te maken ervoor, dat de vis één geheel vormt met zijn omgeving. Zeebaarzen verorberen diverse vissoorten en hun aanwezigheid betekent een natuurlijke regulatie van populaties; door overbevolking raakt de rif-ecologie ontregeld.

Marmor-Zackenbarsch
Epinephelus inermis

Dieses Mitglied der Zackenbarschfamilie ist groß, jedoch sehr scheu. Wenn er nach Beute Ausschau hält, tarnt ihn seine marmorartige Zeichnung, obendrein kann sich seine Haut heller oder dunkler verfärben. Zackenbarsche fressen verschiedene Fischarten, ihre Präsenz garantiert eine natürliche Regulation der Populationen; Überbevölkerung verstört die Riffökologie.

135

Tiger Grouper
Mycteroperca tigris

Patiently, the tiger grouper relaxes while being groomed. The gobies provide a vital service by removing ectoparasites and microorganisms. The cleaners also nip and remove dead or diseased flesh, and it has been observed that a fish with an infection will present the side with the wound to the cleaners.

Tijgerbaars
Mycteroperca tigris

De tijgerbaars ontspant zich, terwijl hij wordt gesoigneerd. De poetsgrondels halen de ectoparasieten en micro-organismen weg. De schoonmakers verwijderen tevens dood of aangetast vlees. Men heeft we hebben vissen gezien met een infectie, die de kant met de wond naar de poetsvissen draaiden.

Tiger-Zackenbarsch
Mycteroperca tigris

Der Tiger-Zackenbarsch entspannt sich, während er gepflegt wird. Die Grundeln entfernen die Ektoparasiten und Mikroorganismen. Die Putzerfische entfernen auch abgestorbenes oder erkranktes Fleisch - wir haben Fische mit Infektionen gesehen, die den Putzerfischen ihre Wunde zukehrten.

136

Yellowmouth Grouper
Mycteroperca interstitialis

Groupers are not territorial. They eat fish, and travel the reef looking for good hiding spots to ambush prey. A small damselfish, on the other hand, is very territorial and will defensively nip intruders to scare them off. Algae grazers, the damsel's territory is like a small farm and it must protect the fields.

Geelbekzeebaars
Mycteroperca interstitialis

Zeebaarzen vertonen geen territoriaal gedrag. Ze eten vissen en zoeken naar geschikte schuilplaatsen op het rif om hun prooi in een hinderlaag te lokken. Een kleine juffertjesvis vertoont daarentegen een uitgesproken territoriaal gedrag en bijt indringers om ze af te schrikken. Ze eten algen en het territorium van een juffertje lijkt op een kleine boerderij. Het dier moet zijn "akkers" beschermen.

Gelbmaul-Zackenbarsch
Mycteroperca interstitialis

Zackenbarsche sind nicht Reviergebunden. Sie fressen Fische, und suchen auf dem Riff Unterschlupf, um auf Beute zu lauern. Ein kleiner Jungfernfisch hingegen verteidigt sein Revier und beißt Eindringlinge, um sie zu vertreiben. Jungfernfische fressen Algen und ihr Revier ähnelt einem kleinen Bauernhof. Das Tier muß seine "Äcker" schützen.

137

Giant Basket Star
Astrophyton muricatum

A nocturnal feeder widely spreading its arms to filter plankton from the sea, at dawn the echinoderm grasps the soft coral branches and gently curls itself into a small bundle. Some gorgonian branches appear strangely tied in a knot, but a closer look reveals the daytime behavior of the giant basket star.

Medusahoofd
Astrophyton muricatum

Een dier dat zich 's nachts voedt door zijn armen wijd uit te spreiden om plankton aan de zee te onttrekken. Bij het aanbreken van de dag grijpt de stekelhuidige de takken van de zachte koralen en rolt zichzelf tot een smal bundeltje op. Sommige takken lijken op een vreemdsoortige knoop, maar bij nadere beschouwing blijkt het dan een medusahoofd te zijn.

Medusenhaupt
Astrophyton muricatum

Ein Nachttier breitet zur Nahrungsaufnahme seine Arme aus, um dem Meer Plankton zu entziehen. Bei Tagesanbruch greift der Stachelhäuter die Zweige der Weichkorallen, und rollt sich zu einem kleinen Bündel zusammen. Einige Zweige sehen wie ein merkwürdiger Knoten aus, bei näherer Betrachtung ist es jedoch ein Medusenhaupt.

"Starry Night"

Extremely sensitive to nearby movement and touch, pretty coral polyps will withdraw into their soft skeleton to avoid danger. Called soft corals since they lack a rigid skeleton, all gorgonians are colonies of octocorals. Note the eight delicate tentacles that surround the mouth of the individual polyp.

"Starry Night"

Poliepen zijn uitermate gevoelig voor bewegingen in hun nabijheid en aanraking. Ze trekken zich dan onmiddellijk in hun zachte skelet terug. De gorgonen worden zachte koralen genoemd, omdat ze geen stevig skelet hebben; dit zijn kolonies van achtarmige koraalpoliepen. Let eens op de acht prachtige tentakels rondom de mond van elke poliep.

"Starry Night"

Polypen reagieren empfindlich bei Berührung und auf Bewegungen in ihrer Nähe. Sie ziehen sich dann sofort in ihr weiches Skelett zurück. Gorgonien sind Baumkorallen. Sie haben kein festes Skelett, man nennt sie darum Weichkorallen. Achten Sie auf die acht außergewöhnlichen Tentakel am Maul der Polypen.

13

Red Ridged Clinging Crab
Mithrax forceps

Bonaire has long been known as the "Macro Capital of the Caribbean" due to her lush corals and invertebrate life. Many interesting species of crustaceans inhabit the reefs, and night diving is the perfect opportunity to openly observe them. Hard shelled crabs, lobsters and shrimp of all sizes and shapes scurry home when startled.

Roodrandkrab
Mithrax forceps

Bonaire kreeg ooit de titel "Macro Capital of the Caribbean" vanwege zijn bijzondere koralen en ongewervelde dieren. Tal van interessante schaaldieren bevolken de riffen en het duiken bij nacht is een ideale mogelijkheid om ze goed te observeren. Krabben, kreeften en garnalen in alle maten en soorten zoeken een goed heenkomen, zodra ze worden opgeschrikt.

Mithrax forceps

Die außergewöhnlichen Korallen und wirbellosen Tiere brachten Bonaire lange Zeit den Titel "Macro Capital of the Caribbean" ein. Zahlreiche interessante Schalentiere bevölkern die Riffe, bei Nachttauchgängen kann man sie hervorragend beobachten. Krebse und Garnelen aller Größen und Arten suchen das Weite, sobald sie aufgeschreckt werden.

13

Spotted Drum
Equetus punctatus

Distinctively striped black and white with a dotted tail, the spotted drum is especially loved for its unique shape. A streaming dorsal fin flutters like a pennant as the fish swims in lazy circles near its secluded den. A bottom dweller, the spotted drum leaves its protective coral home at night to feed on crustaceans.

Gevlekte Riddervis
Equetus punctatus

De gevlekte riddervis, met de zwarte en witte strepen en gestippelde staart, geniet grote populariteit vanwege zijn opvallende gedaante. Zijn rugvin wappert als een vlag, wanneer hij zijn kringetjes draait vlak bij zijn hol. Hij leeft op de zeebodem en verlaat 's nachts zijn beschutte plekje om schaaldieren te gaan zoeken.

Tüpfel-Ritterfisch
Equetus punctatus

Der Tüpfel-Ritterfisch, schwarz und weiß gestreift mit einem getüpfelten Schwanz, ist eine auffällige Erscheinung, und darum sehr populär. Seine Rückenflosse flattert wie eine Fahne, wenn er seine Runden in der Nähe seiner Höhle schwimmt. Er lebt auf dem Meeresboden und verläßt nachts seinen Unterschlupf, um Schalentiere zu suchen.

140

Sand Diver Lizardfish
Synodus intermedius

Motionless and hidden in the sand, the bottom dwelling lizardfish captures prey through concealment. Patiently waiting for the unsuspecting approach of passing fish, the sand diver balances on especially adapted pectoral fins. They lack a gas bladder, and can only swim for short distances as they are negatively buoyant.

Hagedisvis
Synodus intermedius

Onbeweeglijk en verborgen in het zand vangt de op de zeebodem levende hagedisvis zijn prooi. De hagedisvis loert geduldig op argeloos voorbijzwemmende vissen en balanceert daarbij op zijn speciaal ontwikkelde borstvinnen. Hij heeft geen zwemblaas en kan slechts korte afstanden zwemmen, aangezien hij over een beperkt drijfvermogen beschikt.

Sandtaucher
Synodus intermedius

Der auf dem Meeresboden lebende Sandtaucher fängt regungslos im Sand verborgen, seine Beute. Der Sandtaucher lauert arglos vorrüberschwimmenden Fischen geduldig auf, er balanciert dabei auf seinen Brustflossen. Da ihm die Schwimmblase fehlt, wodurch er zu wenig Auftriebskraft besitzt, kann er nur kleine Entfernungen schwimmen.

14

17

142

Azure Vase Sponge
Callyspongia plicifera

Like lace, the iridescent pattern of the azure vase sponge is delicately complex. A natural marine sculpture, the perfect form of the vase is based on an internal skeleton of glassy needles called spicules. The sponge is a simple, sedentary animal that filters plankton from the water.

Blauwe Bekerspons
Callyspongia plicifera

De regenboogkleurige tekening van de blauwe bekerspons is heel verfijnd. De volmaakte vorm van de beker is een natuurlijke onderwatersculptuur en heeft als basis een inwendig skelet van glazige naalden. De spons is een eenvoudig, sedentair dier dat plankton uit het water filtreert.

Blauer Becherschwamm
Callyspongia plicifera

Dieser Callyspongia hat eine sehr feine, regenbogenfarbige Zeichnung. Die vollendete Form dieser natürlichen Unterwasserskulptur wird von einem inwendigen Skelett aus Silikatnadeln gestützt. Schwämme sind primitive, festsitzende Tiere, die Plankton aus dem Wasser filtern.

143

Gaudy Clown Crab
Platypodiella spectabilis

A rare find, this gaily painted crustacean is a visual delight. A large gaudy clown crab would only measure about one inch wide. Inhabiting all types of infrastructure on the reef, they are usually found nestled within a cluster of branching vase sponge.

Clownkrab
Platypodiella spectabilis

Dit schaaldier met zijn vrolijke tekening is behalve een lust voor het oog een zeldzame vondst. Een grote clownkrab meet slechts een paar centimeter. Hij bewoont alle delen van het rif en nestelt zich doorgaans tussen een groep vertakkende vaassponzen.

Clownkrabbe
Platypodiella spectabilis

Dieses fröhlich gemusterte Schalentier ist nicht nur eine Augenweide, sondern auch ein seltener Fund. Eine großes Exemplar mißt nur wenige Zentimeter. Es bewohnt alle Teile des Riffs, und nistet sich gewöhnlich zwischen einer Schwammgruppe ein.

144

Four-eyed Reef Octopus
Octopus hummelincki

The octopus relies on its mastery of shape shifting and colour blending to conceal its presence on the reef. As an avid consumer of shellfish, a pile of dead shells near a coral head may indicate the location of an octopus den. It returns there after a successful hunt to dine in peace.

Vieroog Octopus
Octopus hummelincki

De octopus verandert van gedaante of kleur om zijn aanwezigheid op het rif geheim te houden. Hij is dol op schelpdieren en een bergje schelpen vlak bij een koraalbank geeft vaak de schuilplaats van een octopus aan. Hij gaat daar na een succesvolle jacht op zijn gemak eten.

Vieräugiger Oktopus
Octopus hummelincki

Der Tintenfisch wechselt seine Gestalt oder Farbe, um sich in aller Heimlichkeit durch das Riff zu bewegen. Er ist versessen auf Muscheln, ein Muschelhaufen in der Nähe einer Korallenbank verrät oft den Unterschlupf eines Tintenfisches. Er kehrt nach einer erfolgreichen Jagd dorthin zurück, um in aller Ruhe zu fressen.

145

Bearded Fireworm
Hermodice carunculata

Luminescent gleams of pearly pink and green belie the nasty personality of the fireworm. Beauty and the beast in one creature, they are marvelous to observe, but dangerous to disturb. The feathery pink filaments are branched gills for respiration. They are protected by the sharp, white spines erected in self-defense.

Vuurworm
Hermodice carunculata

Parelachtige roze en groene schijnsels verloochenen het gemene karakter van de vuurworm. Hij is prachtig en huiveringwekkend tegelijk. Laat hem vooral met rust. De roze draden zijn vertakte kieuwen voor de ademhaling. Ze beschermen zich met de scherpe witte stekels, die bij zelfverdediging overeind gaan staan.

Feuerwurm
Hermodice carunculata

Irreführendes, wie Perlmutt schimmerndes Rosa und Grün tarnen den scheußlichen Charakter des Feuerwurms. Er ist wunderschön, jedoch auch schaudererregend. Lassen Sie ihn in Ruhe. Die rosa Fäden sind verzweigte Kiemen. Die scharfen weißen Stacheln werden zur Selbstverteidigung aufgerichtet.